知っている山から
はじめよう！

# 大人の日帰り登山

鈴木みき

講談社

# 大人の日帰り登山

## 知っている山からはじめよう！

# ごあいさつ

ブームにも乗れない、誘いにも乗れない、
そのうち誰からの話もない。
でも実は、本当はちょっと、興味はあるんです「登山」。

だけど自発式のやる気装置は
40歳あたりからエコ運転モード。
育児や家事、仕事に追われ
設定を見直さずにいたら早年月……。

いまさら「登山」なんて
無謀すぎる？

もう……若くないもん。

——そんな「もう若くない」大人のみなさんに「もう若くない」私が、
「若くないなり」の登山のはじめ方をご案内します。

登山をするのは爽快で気持ちがいい反面、
遭難や滑落などの事故とも隣り合わせ。
その万が一の事の重大さに、後先を考えられる大人になればなるほど
自信をなくし尻込みしてしまうものではないでしょうか。

でも、もう若くないのです。
考え過ぎる「先」は半分より短くなっています。
過ぎてしまう「後」なんて、我々くらいになれば
備わってきた自動削除機能でなんとかなります。

つまり、もし「ちょっとやってみたい」と思っているなら
それを憶えているうちにやっておかないと。
後手に回るほど巻き返すパワーが必要になってしまいます。

とはいえ、
あなたのお尻を叩いて山に連れて行くつもりはありません。
ご自分のペースで、タイミングが整ったときに、
登山に行けるような「下準備」に今回は重点を置きました。
これは私がいつでも登山に行けるように心がけていることでもあり、
ブランクが空いてしまった登山へ出かける前に
実践していることです。
自分でしか実証実験できていませんが、
おかげさまで事故なく細々と長く登山を続けることができています。

どうぞ、この本があなたの「登山」への興味を
行動に移す一助になりますように。

Contents

## 第3章　登山準備

# 第4章 登山トレーニング



# 第5章 いざ山へ！



# 終章 おわりに

# 序章
# はじめに

いまだからこそ はじめられる登山
イラストレーターの鈴木みきです
登山に関するコミックエッセイを描いている者です
幸せなことに私のコミックをキッカケに登山をはじめたなんて人も多く、２００９年ころにわいた「山ガールブーム」の首謀者のひとりとして担ぎ上げられもしました
当時30代だった私も
50代に突入しました
えっ…
どうもオバンです
小さかった目がさらに小さくなったよ

でもマンガのキャラクターは老けないってことになっていますので
ビーッ
以前のままの姿でお送りさせていただけたらと思います
婆…もといばあ!
じゃん!
改めまして51歳の鈴木です
最近 起床時に腰が痛いのが悩みです
登山歴はかれこれ25年以上に
何卒よろし…
ペロン
あっ
この数年 自分の年齢に合わせるのかのように中年期の大人を対象にした媒体からのお仕事が増えてきました
お世話になります月刊「Midoru」編集部です
50～60代の読者が登山をはじめるときのアドバイスをいただけないでしょうか

これから登山をはじめる…
う〜
私のコミックでは一貫して「とりあえずあした山へ行こう！」とお誘いしてきましたが自分が年齢を重ねた今、そうとも言えないような…
運動習慣のない50〜60代ですよね？
私も大きな子供が二人いるんですが
長らく家庭と仕事で手いっぱいででもそろそろ自分時間も楽しみたいと思っている世代です
やっぱり「低い山」からはじめたほうがいいんですよね？
カンタンな
鈴木さんの本では「山道具は家にあるもので代用できる」とありますし
とりあえずスニーカーでもオッケー…
体力がなくてもどうにかなるとにかく「行く」ことが大事だと！
ゾクッ

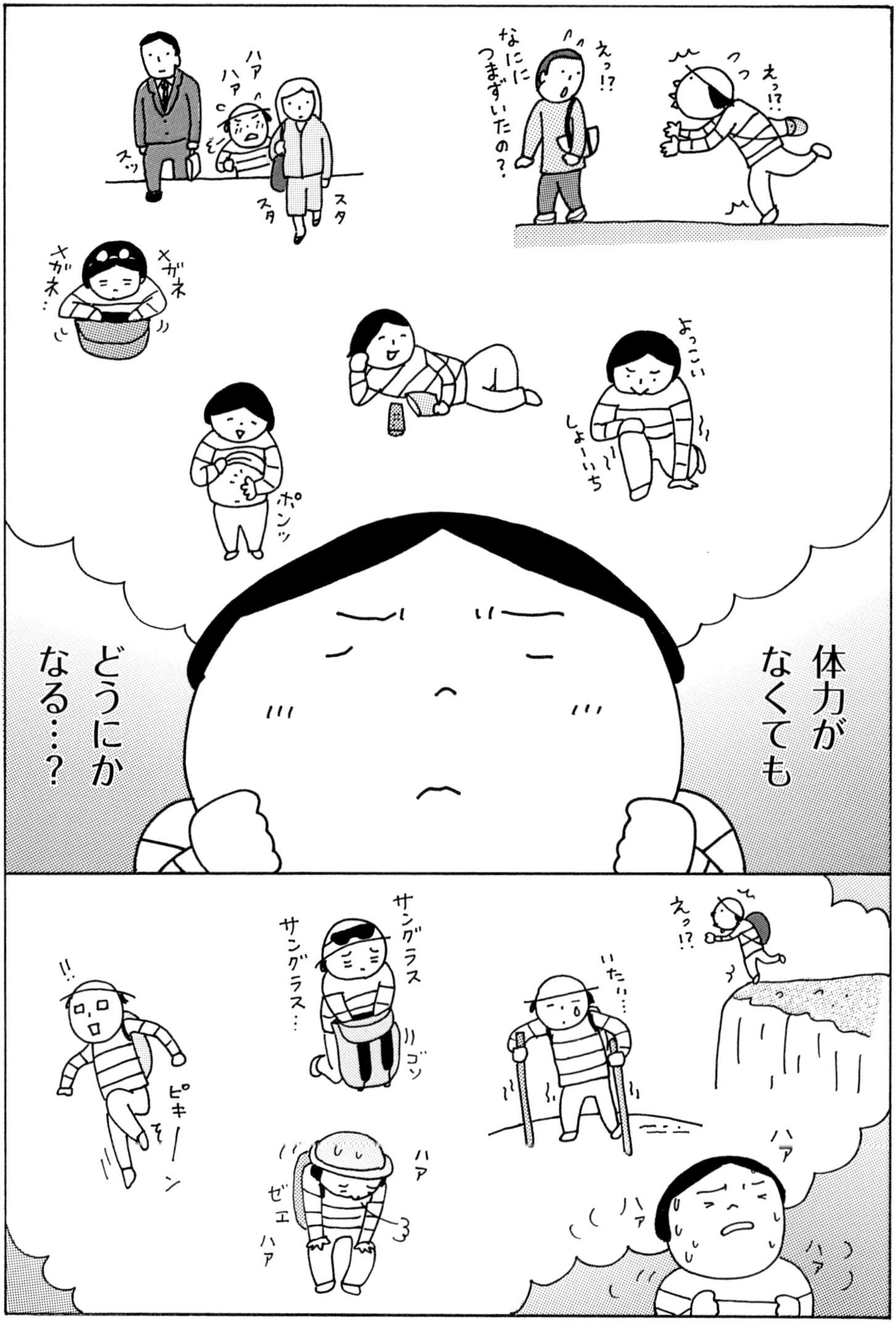
えっ!?
えっ!?
なにに
つまずいたの?
ハァ
ハァ
スッ
スタ
スタ
メガネ
メガネ…
よっこいしょーいち
ポンッ
体力が
なくても
どうにか
なる…?
えっ!?
いたい…
ハァ
ハァ
ハァ
サングラス
サングラス…
ゴン
!!
ピキーン
ハァ
ゼェ
ハァ

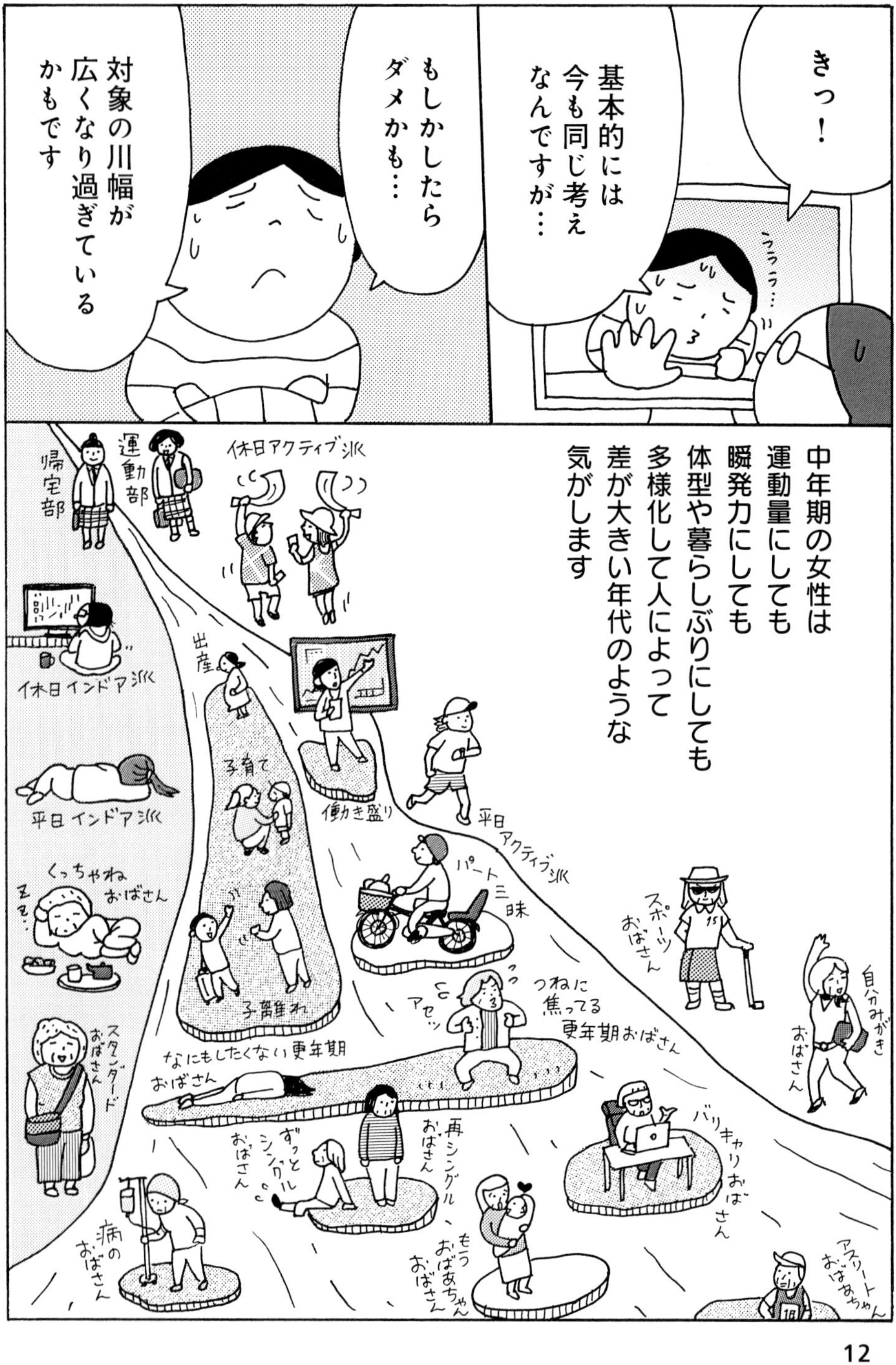
きっ！
基本的には
今も同じ考え
なんですが…
フラフラ…
もしかしたら
ダメかも…
対象の川幅が
広くなり過ぎている
かもです
中年期の女性は
運動量にしても
瞬発力にしても
体型や暮らしぶりにしても
多様化して人によって
差が大きい年代のような
気がします
休日アクティブ派
運動部
帰宅部
休日インドア派
出産
働き盛り
平日インドア派
子育て
平日アクティブ派
パート三昧
くっちゃね おばさん
スポーツおばさん
自分みがき おばさん
子離れ
アセッ
つねに焦ってる 更年期おばさん
なにもしたくない更年期 おばさん
スタンダード おばさん
バリキャリおばさん
再シングル おばさん
ずっとシングル おばさん
病の おばさん
もう おばあちゃん おばさん
アスリート おばあちゃん

振り返ってみれば若いころの何かが「できる」「できない」の差は精神的な溝が深かっただけでフィジカル的なことや置かれている状況は思っていたほど差がなかったのかもしれません
いったれー
いけない…
できない岸
できる岸
だから「山ガール」と呼ばれていた20～30代は なにかに強めに背中を押されたら溝を越えられたんだと思います
自分もその年代ではそうでしたしね
それに10年後も今と そんなに変わらないと漠然と思っていましたし——
ええ、45歳までは
やはり私もご多分にもれず40代半ばあたりから
おや？今までみたいにいかないぞ
と感じるようになりました
さほど変わらないと思っていた若い子が本当に若く見えるようにも
うむ…

体を動かしてないですぅ
30代
へへへ
――だから
この人とこの人に
同じアドバイスをして
よいものなのか
50代
へへへ
体を動かしてないですぅ
道に迷ったかも
一応スマホみよ！
サッ
この世代とこの世代が
同じ危機管理方法で
いいのだろうか
もしかして
道に迷ってる？
いや、いけるでしょ
いける
いける
あと
山に行けるな
あと50年
同じ登山の楽しみ方を
伝えて 本当に山を楽しんで
もらえるのか
あと10年
体がもつかしら

すみません
誠に言いにくいのですが
多分 急に 中年世代が
はじめるにはリスクが…
どうしましょ…?
でもですね
何か少しハードなことにチャレンジしたい人も
少なくないんです
そのなかで「登山」はとくに関心が集まっています
ようやく
「自分のための時間」ができて
これからの活力になるような趣味が
ほしいって
私もそのひとりです
たしかに
体が動くうちにって
思いますもんね
でも若いときみたく
体力も気力もないし!
あれ?
まだ何かと
忙しいし〜〜!!
鈴木さん?
鈴木さん!
おーい?
ドン
ドン
ドン
あ?

ひらめいた我々世代だからこそのはじめ方！
はっちゃけた！
それなら 勢いではなく手固くいきましょう
続けられるかは一旦横に置いてまずは「ひとつの山」を大事に目指すのはどうですか
若い子と比べて我々には半世紀以上培った忍耐強さと少々だとしてもお金のやりくりができます
そこに人生経験と図々しさが加われば若い頃よりも安全で周りをハッピーにできる登山ができるかもしれません
ほう！オバさんを活用するわけですか！
「いまさら」なんて言わせない
「いまだからこそ」はじめられる登山がある気がします

山は訪れる人を贔屓《ひいき》しません
年齢を問わずいつ誰がどんな状態で訪れても包みかくさず在るものすべて見せてくれます
いまの年齢じゃないと見えない景色も絶対にあると思うんです
例えば 同じ本を読んでも若い頃と感じ方が違うように？
それと似ていますね経験とともに感受性の深度は上がっていると思いませんか
ただアンテナが鈍くなっているだけで
わかります
目がかすむようになっただけで…
本の量は減ってしまいましたけど今のほうが丁寧《ていねい》に読みますしね

編集さん!
ハテ?
登山はじめてみませんか?
ムラ
ムラ
私 なんだかそれをサポートしたくなってきました
えっ! 私が!?
私も「いまだからこそ」できるアドバイスがあるはず!
安心してください これから「登山家」になれっこないですから どうせ編集さんインドア派でしょ?
いや、元バレー部ですし…
なんか微妙にイヤな気分なんですけど…
もし本当にこれからの自分の活力になるようなことをはじめたいと願っている同世代がいるのなら
負けてられるか更年期!
ね!
そうですね いつか山に登ってみたいって昔から興味はあったんです
これもご縁かな
だーー

そんなわけで
鈴木式登山入門
中年バージョンです
年齢・性別に
かかわらず
体力に自信のない方や
登山ブランクのある方にも
共通する内容が多いので
参考にしてみてください
〈お知らせ〉
これまでのコミックより
字を大きくしました
さあ 全国の
オバさん オジさん
行ってみましょうか
山へ!!
WE ARE
ちゅーねん
だっちゅーねん

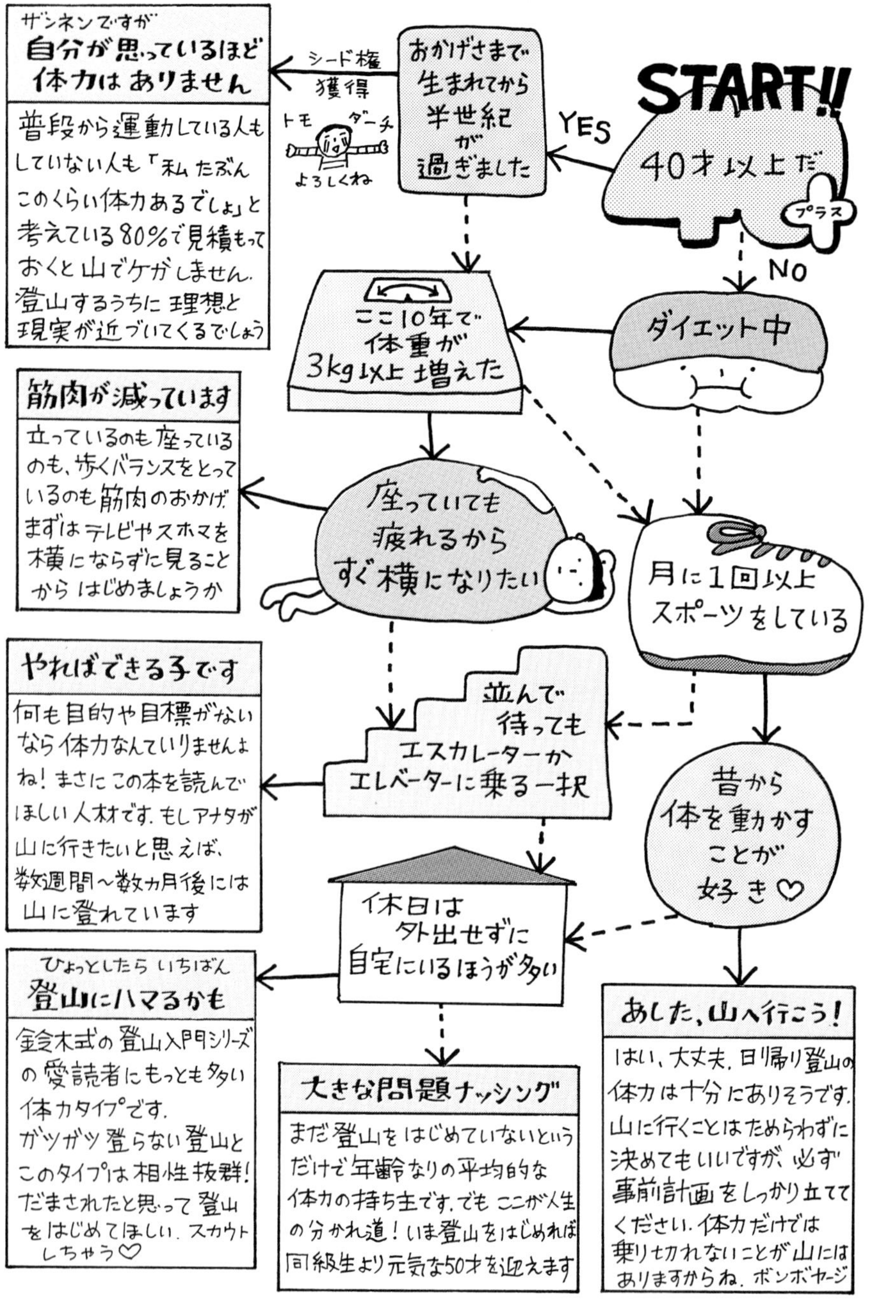
START!!
40才以上だ
プラス
YES
おかげさまで生まれてから半世紀が過ぎました
シード権獲得
トモダーチ
よろしくね
ザンネンですが
自分が思っているほど体力はありません
普段から運動している人もしていない人も「私 たぶんこのくらい体力あるでしょ」と考えている80%で見積もっておくと山でケガしません. 登山するうちに理想と現実が近づいてくるでしょう
NO
ダイエット中
ここ10年で体重が3kg以上増えた
座っていても疲れるからすぐ横になりたい
筋肉が減っています
立っているのも座っているのも、歩くバランスをとっているのも筋肉のおかげ. まずはテレビやスホマを横にならずに見ることからはじめましょうか
月に1回以上スポーツをしている
並んで待ってもエスカレーターかエレベーターに乗る一択
やればできる子です
何も目的や目標がないなら体力なんていりませんよね! まさにこの本を読んでほしい人材です. もしアナタが山に行きたいと思えば、数週間～数カ月後には山に登れています
昔から体を動かすことが好き♡
休日は外出せずに自宅にいるほうが多い
ひょっとしたら いちばん
登山にハマるかも
鈴木式の登山入門シリーズの愛読者にもっとも多い体力タイプです. ガツガツ登らない登山とこのタイプは相性抜群! だまされたと思って登山をはじめてほしい. スカウトしちゃう♡
大きな問題ナッシング
まだ登山をはじめていないというだけで年齢なりの平均的な体力の持ち主です. でもここが人生の分かれ道! いま登山をはじめれば同級生より元気な50才を迎えます
あした、山へ行こう!
はい、大丈夫. 日帰り登山の体力は十分にありそうです. 山に行くことはためらわずに決めてもいいですが、必ず事前計画をしっかり立ててください. 体力だけでは乗り切れないことが山にはありますからね. ボンボヤージ

# 第1章
# 山の基礎知識

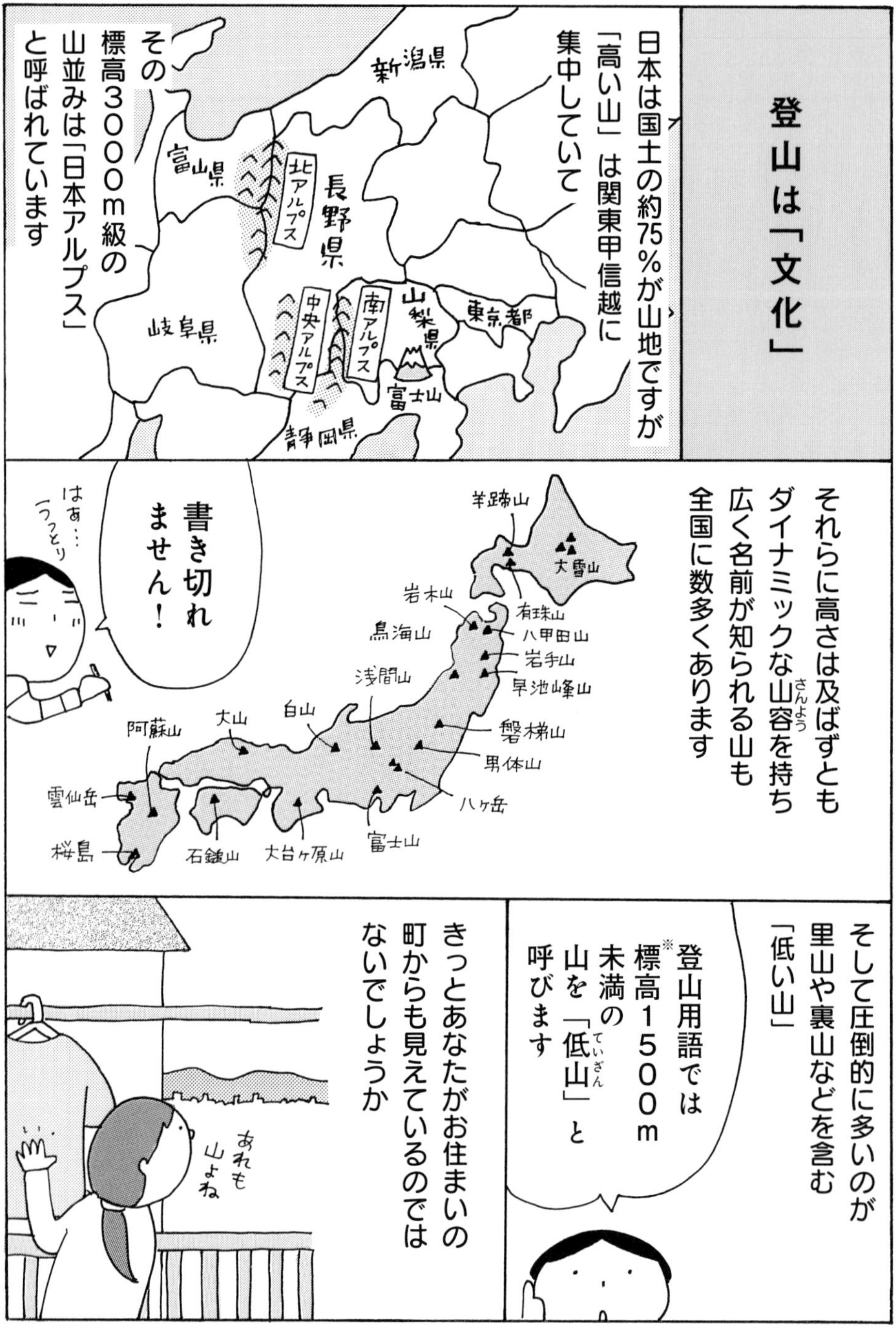
登山は「文化」
日本は国土の約75%が山地ですが
「高い山」は関東甲信越に
集中していて
その
標高3000m級の
山並みは「日本アルプス」
と呼ばれています
新潟県
富山県
北アルプス
長野県
岐阜県
中央アルプス
南アルプス
山梨県
東京都
富士山
静岡県
それらに高さは及ばずとも
ダイナミックな山容《さんよう》を持ち
広く名前が知られる山も
全国に数多くあります
書き切れません！
はぁ…
うっとり
羊蹄山
大雪山
有珠山
岩木山
八甲田山
鳥海山
岩手山
早池峰山
浅間山
白山
磐梯山
大山
阿蘇山
男体山
八ヶ岳
雲仙岳
富士山
桜島
石鎚山
大台ヶ原山
そして圧倒的に多いのが
里山や裏山などを含む
「低い山」
登山用語では
※標高1500m
未満の
山を「低山《ていざん》」と
呼びます
きっとあなたがお住まいの
町からも見えているのでは
ないでしょうか
あれも
山よね

※1000m以下など諸説あります

世界的に都市のすぐ近くに山があるのはめずらしく日本人は古くから山と暮らしてきました
東京都に 活火山
東京タワー
大島
神戸市に 六甲山脈
鹿児島市に 活火山
桜島
札幌市 ほとんど山
札幌駅
しかも 麓《ふもと》から見えている山のほとんどが登れるから一生安泰 登り放題
もうひとつ 日本の山の特徴は大胆に言えば「島の山」ということです
もくもく
カラカラー
ピュー
太平洋
日本海
そのために年間の降水量が多く天気も変わりやすい
はっきりとした四季もあります
そんな日本で登山をすると豊かな自然はもちろんのこと山と人間との関わりや歴史も味わうことになるでしょう
登山は「文化」
今まで意識していなかっただけで山は意外と身近な存在なのです
私たち実は と一っても登山環境に恵まれています！

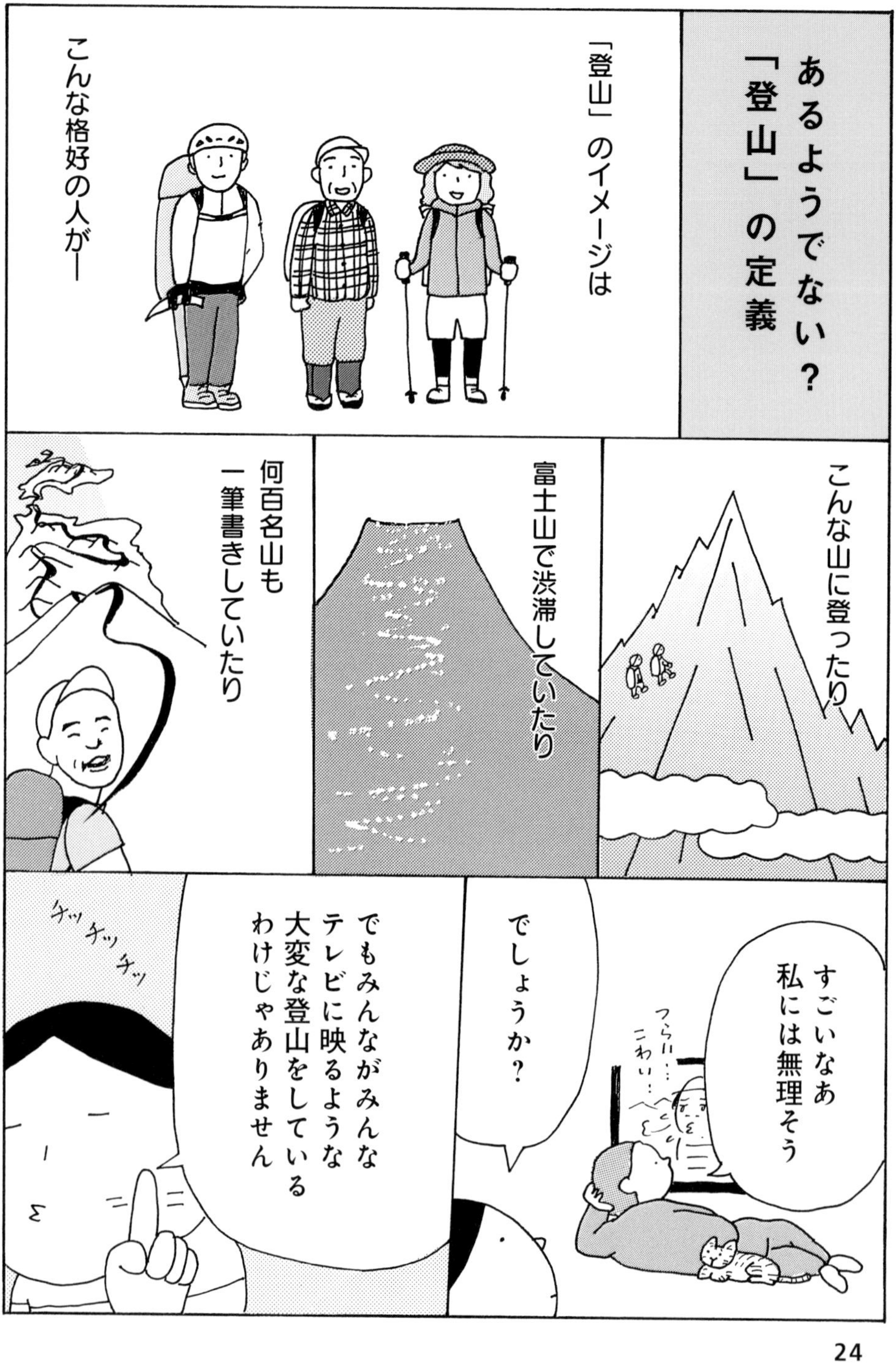

あるようでない？「登山」の定義
「登山」のイメージは
こんな格好の人が―
こんな山に登ったり
富士山で渋滞していたり
何百名山も一筆書きしていたり
すごいなあ 私には無理そう
つらい… こわい…
でしょうか？
でもみんながみんな テレビに映るような 大変な登山をしている わけじゃありません
チッ チッ チッ

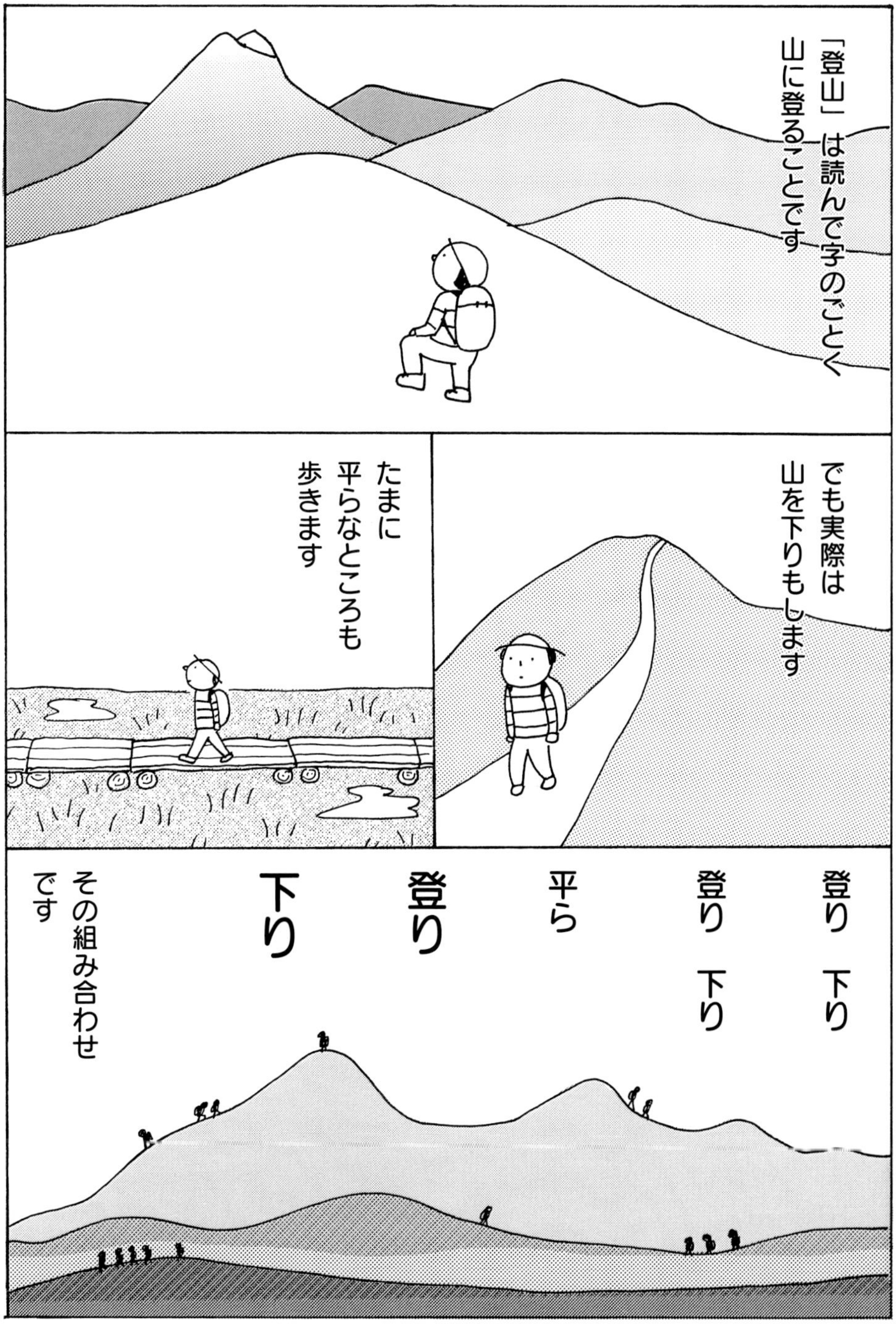
「登山」は読んで字のごとく
山に登ることです
でも実際は
山を下りもします
たまに
平らなところも
歩きます
登り　下り
登り　下り
平ら
登り
下り
その組み合わせ
です

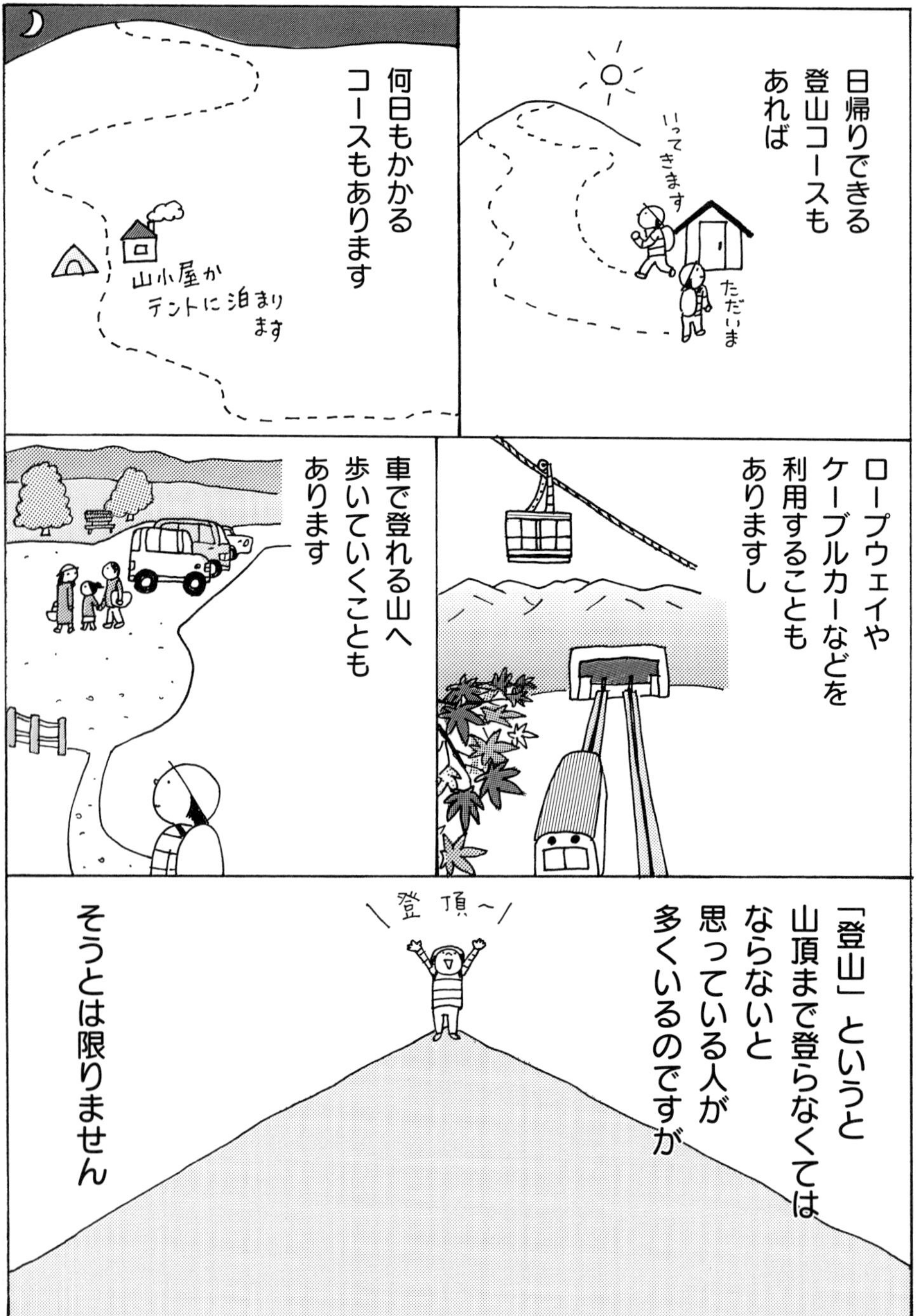
日帰りできる
登山コースも
あれば
いってきます
ただいま
何日もかかる
コースもあります
山小屋か
テントに泊まり
ます
ロープウェイや
ケーブルカーなどを
利用することも
ありますし
車で登れる山へ
歩いていくことも
あります
「登山」というと
山頂まで登らなくては
ならないと
思っている人が
多くいるのですが
登頂～
そうとは限りません

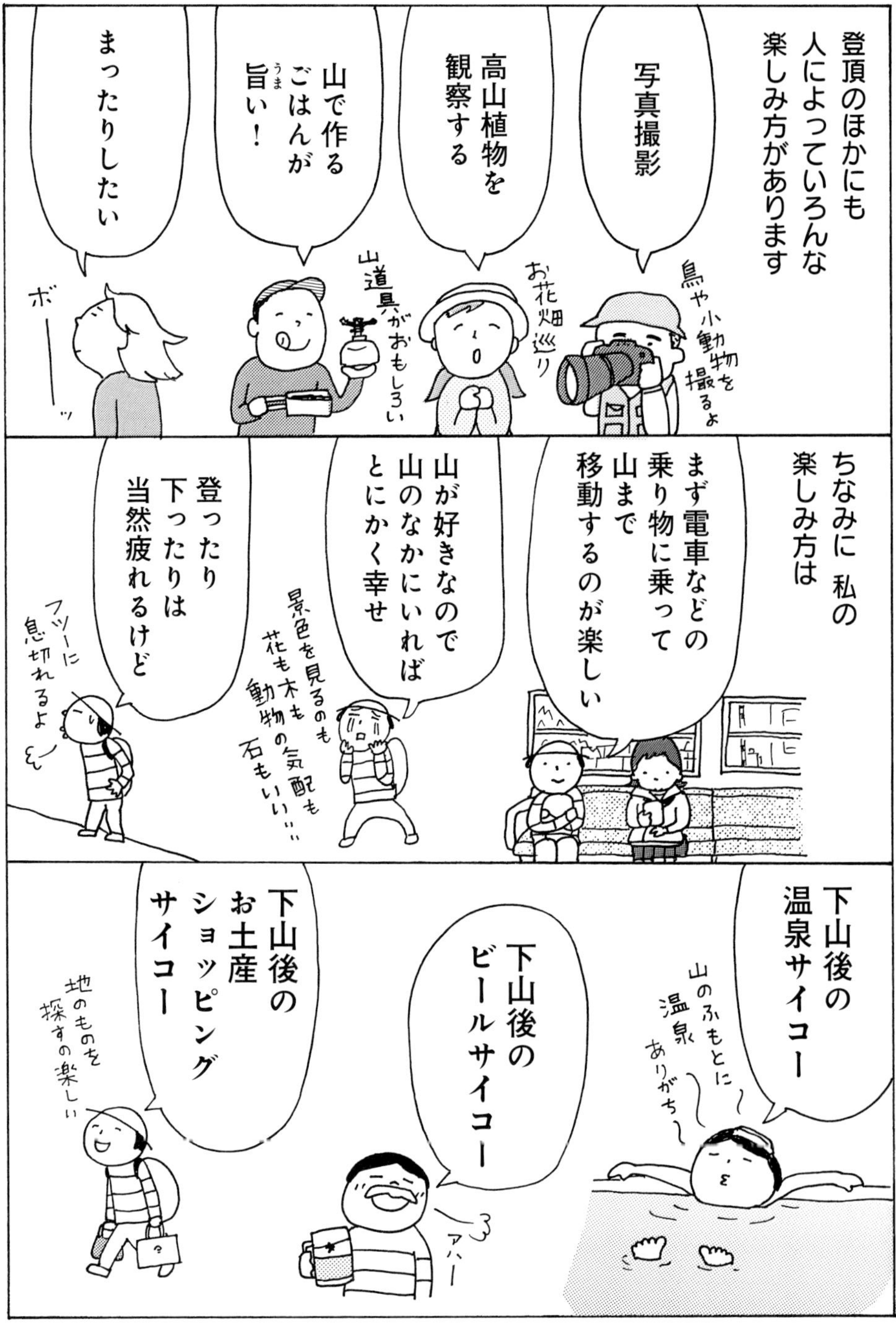
登頂のほかにも人によっていろんな楽しみ方があります
写真撮影
鳥や小動物撮るよ
高山植物を観察する
お花畑巡り
山で作るごはんが旨《うま》い！
山道具がおもしろい
まったりしたい
ボーーッ
ちなみに 私の楽しみ方は
まず電車などの乗り物に乗って山まで移動するのが楽しい
山が好きなので山のなかにいればとにかく幸せ
景色を見るのも花も木も動物の気配も石もいい…
登ったり下ったりは当然疲れるけど
フツーに息切れるよ
下山後の温泉サイコー
山のふもとに温泉ありがち～
下山後のビールサイコー
アハー
下山後のお土産ショッピングサイコー
地のものを探すの楽しい

下山後の…
もういいですね
私の場合は下山後のオプション多めですが「私の登山」はこれ込みで完成します
下山後に直帰する人もいるよ
しんじられないけどいるんだってさ
ただいま
整った～
こんなカタチの山もあれば
こんな山もあり
高い山も低い山も
山を歩けば「登山」
とくに定義はありません
その人が「登山」と思えば「登山」
ただし 登山は途中ではやめられません
ヘイ、タクシー

下山するまでが「登山」です
しゅん
お腹がすいちゃったなっと
ウーバーも来ません
ここなの？
ほかのアウトドアアクティビティも同じですが　必要なものは事前に準備してフィールドに入ります
そのすべてのものを自分で背負って運ぶというのが「登山」の特徴です
「雪山登山」や「クライミング（岩登り）」など道なき道を行く登山もありますが
一般的な「登山」は「登山道」を歩きます
未舗装路ですが徒歩移動できる人なら問題なし
車イスで登れるコースもあるよ
グッ

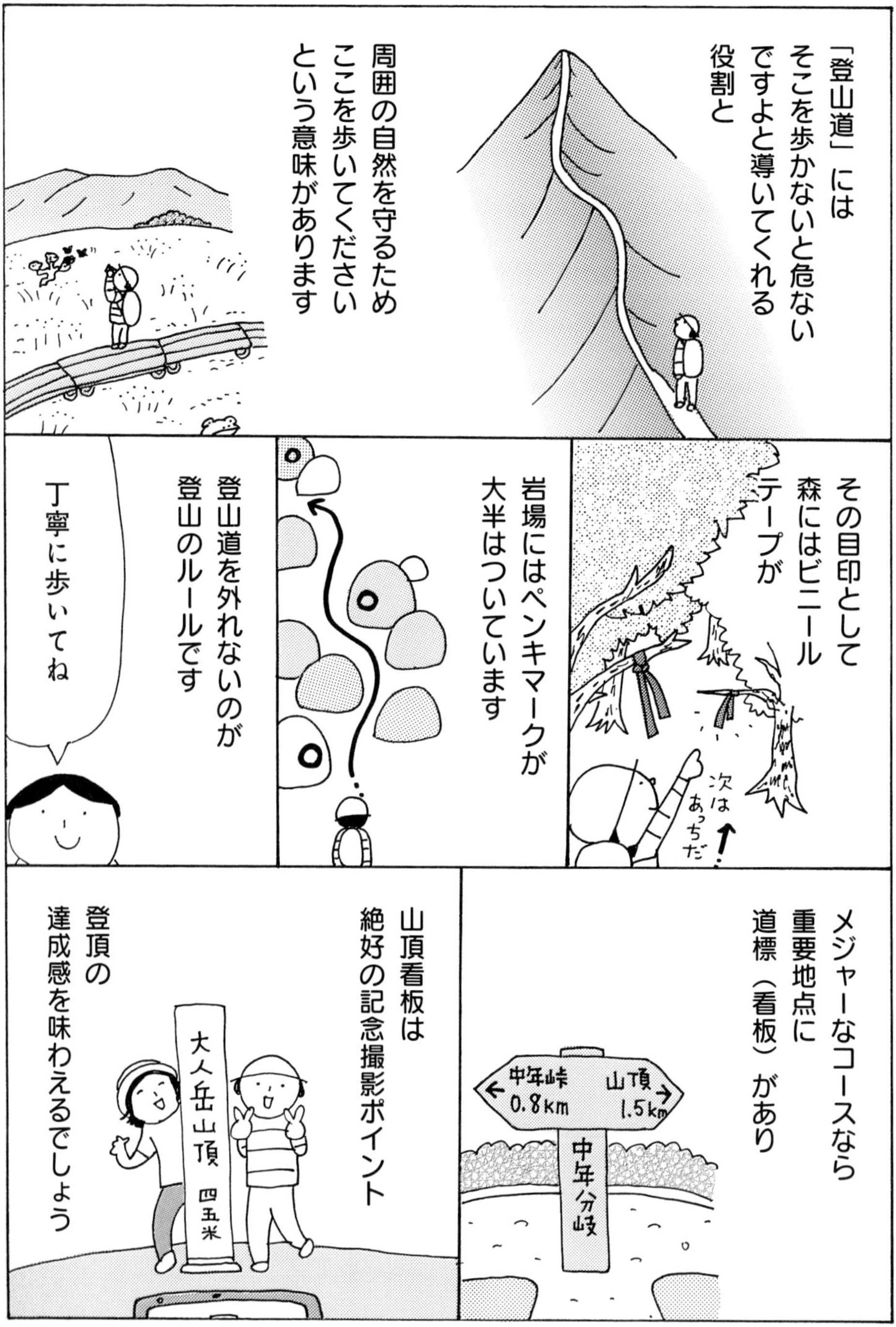
「登山道」には
そこを歩かないと危ない
ですよと導いてくれる
役割と
周囲の自然を守るため
ここを歩いてください
という意味があります
その目印として
森にはビニール
テープが
次はあっちだ
岩場にはペンキマークが
大半はついています
登山道を外れないのが
登山のルールです
丁寧に歩いてね
メジャーなコースなら
重要地点に
道標（看板）があり
中年峠
0.8km
山頂
1.5km
中年分岐
山頂看板は
絶好の記念撮影ポイント
登頂の
達成感を味わえるでしょう
大人岳山頂
四五米

山によっては
落ちついて休憩できる
東屋やベンチ
日よけ、雨やどり
ありがたい
お弁当をひろげるのに
ぴったり
食堂や売店が
なきにしも
あらず
大人茶屋
おでん
あるかな？
こうした
人工物が多いコースは
登山者も多く
入門コースとして
最適です
よく歩かれているから
登山道が明瞭
踏み跡
しっかり
ここだ！
OK！
いざというときに
助けを求めやすい
大人山荘
すみません！
現在地
おしえて
逆に人工物が少なく
経験を積まないと
歩けないコースも
たくさんあります
「登山」が簡単だとは
無責任には言えませんが
初心者からエキスパートまで
経験と見合った多彩な
コースがあるので　あまり
怖がらなくて大丈夫です

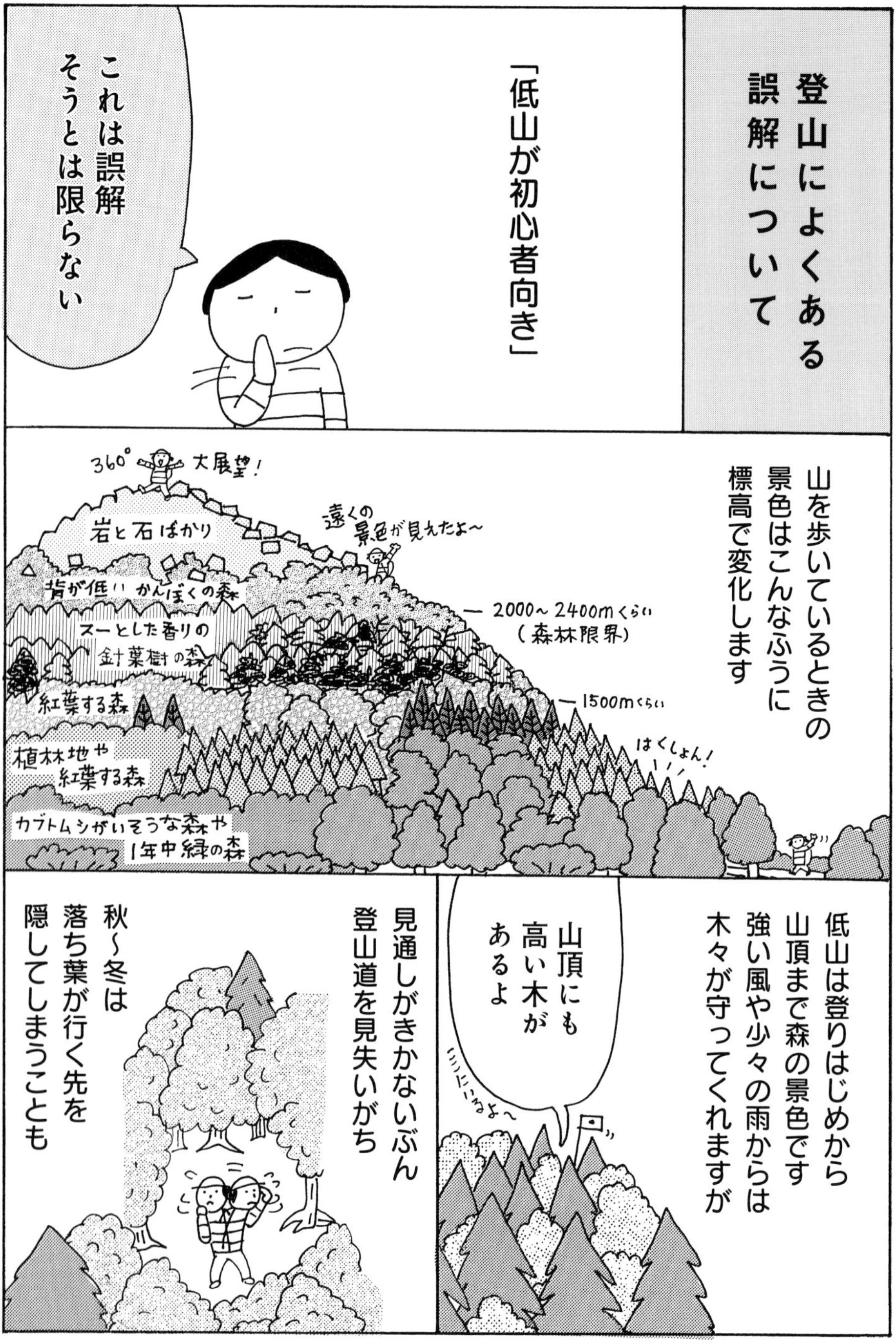

登山によくある誤解について
「低山が初心者向き」
これは誤解 そうとは限らない
山を歩いているときの景色はこんなふうに標高で変化します
360° 大展望!
岩と石ばかり
遠くの景色が見えたよ~
背が低い かんぼくの森
2000~2400mくらい (森林限界)
スーとした香りの針葉樹の森
紅葉する森
1500mくらい
植林地や紅葉する森
はくしょん!
カブトムシがいそうな森や1年中緑の森
低山は登りはじめから山頂まで森の景色です 強い風や少々の雨からは木々が守ってくれますが
山頂にも高い木があるよ
ここにいるよ~
見通しがきかないぶん登山道を見失いがち
秋~冬は落ち葉が行く先を隠してしまうことも

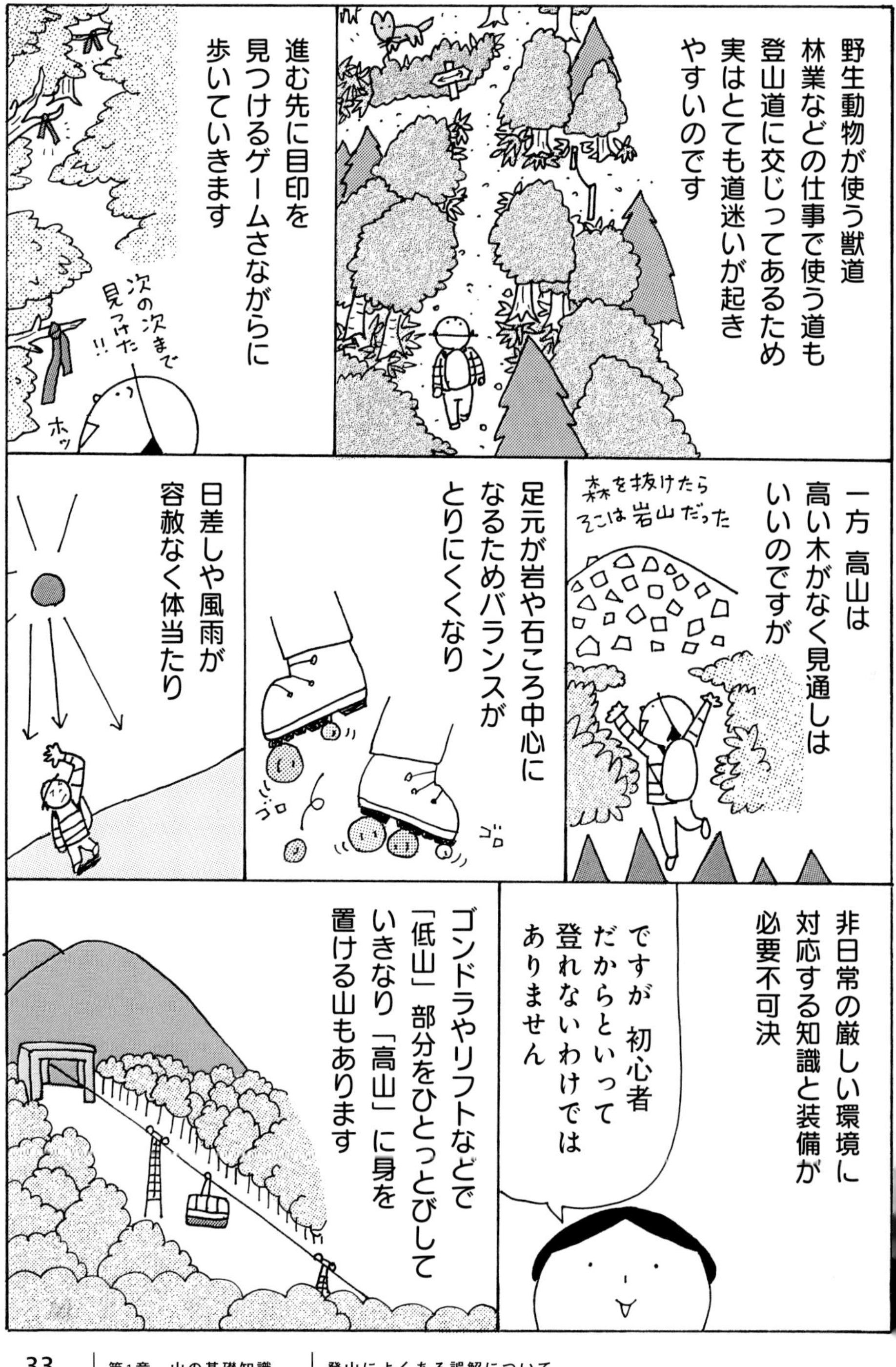
野生動物が使う獣道
林業などの仕事で使う道も
登山道に交じってあるため
実はとても道迷いが起き
やすいのです
進む先に目印を
見つけるゲームさながらに
歩いていきます
次の次まで
見つけた!!
ホッ
一方 高山は
高い木がなく見通しは
いいのですが
森を抜けたら
そこは岩山だった
足元が岩や石ころ中心に
なるためバランスが
とりにくくなり
ゴロ
ゴロ
日差しや風雨が
容赦なく体当たり
非日常の厳しい環境に
対応する知識と装備が
必要不可決
ですが 初心者
だからといって
登れないわけでは
ありません
ゴンドラやリフトなどで
「低山」部分をひとっとびして
いきなり「高山」に身を
置ける山もあります

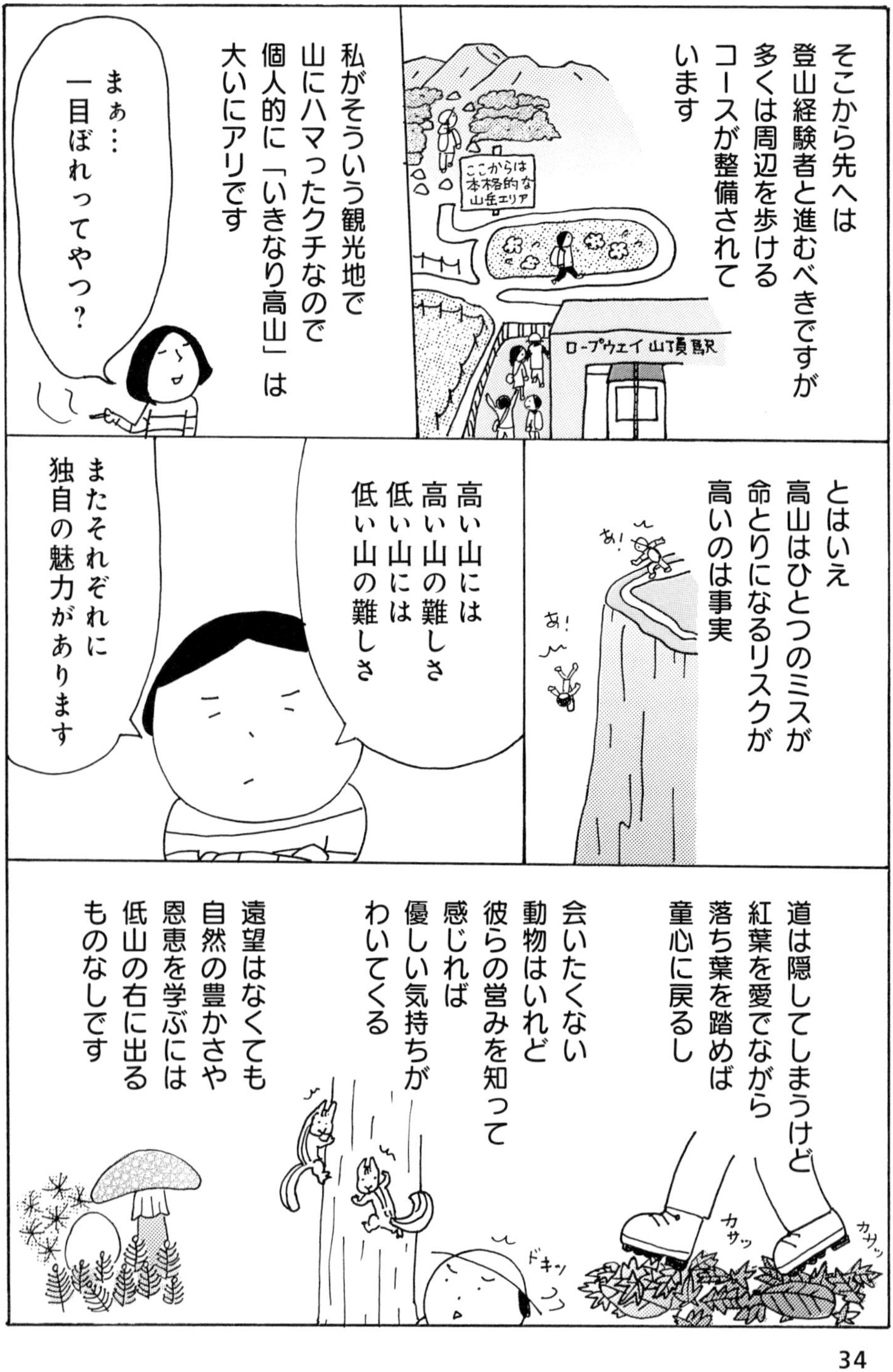
そこから先へは登山経験者と進むべきですが多くは周辺を歩けるコースが整備されています
ここからは本格的な山岳エリア
ロープウェイ 山頂駅
私がそういう観光地で山にハマったクチなので個人的に「いきなり高山」は大いにアリです
まぁ…一目ぼれってやつ？
とはいえ高山はひとつのミスが命とりになるリスクが高いのは事実
あ！
あ！
高い山には高い山の難しさ低い山には低い山の難しさ
またそれぞれに独自の魅力があります
道は隠してしまうけど紅葉を愛でながら落ち葉を踏めば童心に戻るし
カサッ
カサッ
会いたくない動物はいれど彼らの営みを知って感じれば優しい気持ちがわいてくる
ドキッ
遠望はなくても自然の豊かさや恩恵を学ぶには低山の右に出るものなしです

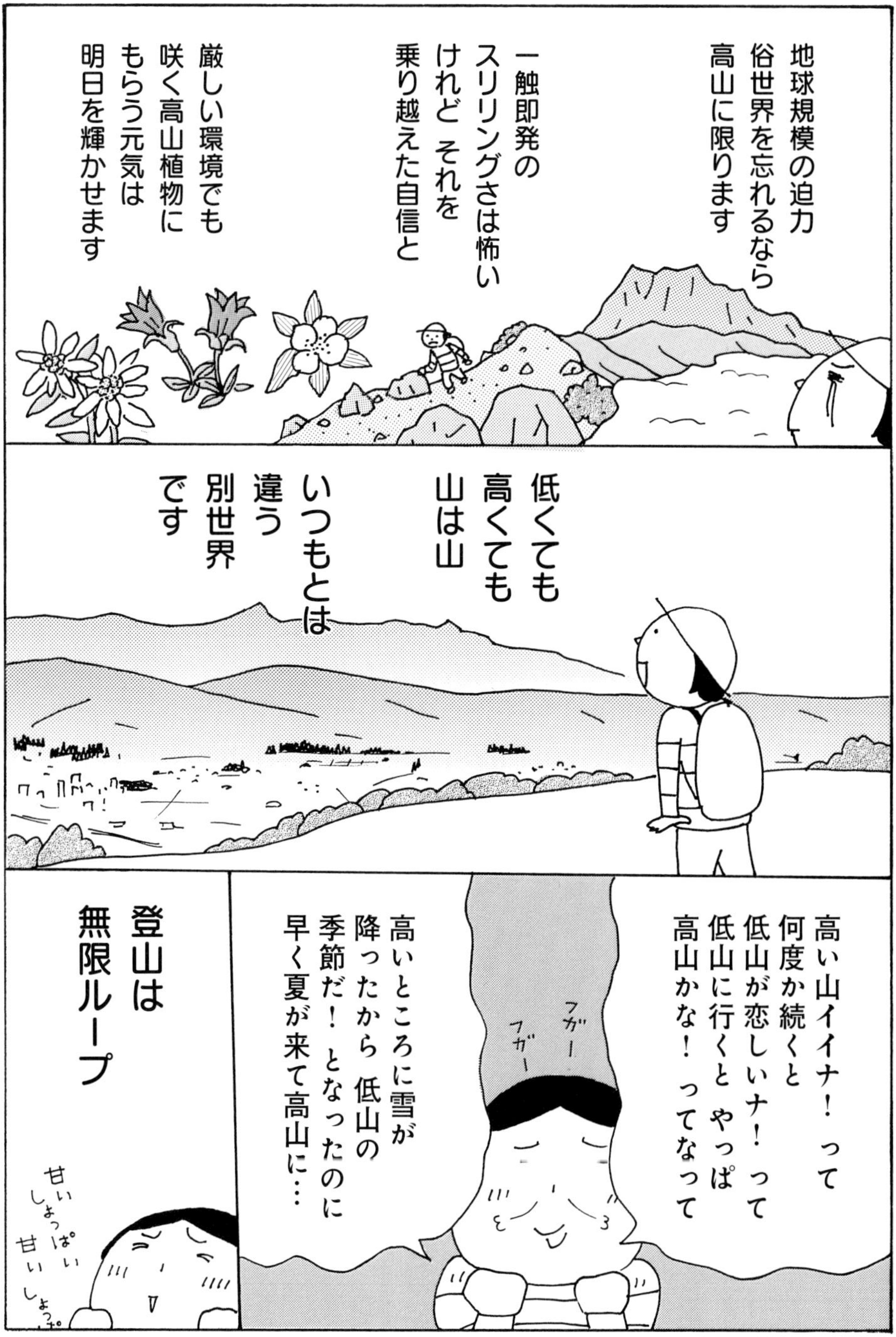
地球規模の迫力
俗世界を忘れるなら
高山に限ります
一触即発の
スリリングさは怖い
けれど それを
乗り越えた自信と
厳しい環境でも
咲く高山植物に
もらう元気は
明日を輝かせます
低くても
高くても
山は山
いつもとは
違う
別世界
です
高い山イイナ！ って
何度か続くと
低山が恋しいナ！ って
低山に行くと やっぱ
高山かな！ ってなって
フガー
フガー
高いところに雪が
降ったから 低山の
季節だ！ となったのに
早く夏が来て高山に…
登山は
無限ループ
甘い
しょっぱい
甘い
しょっぱ

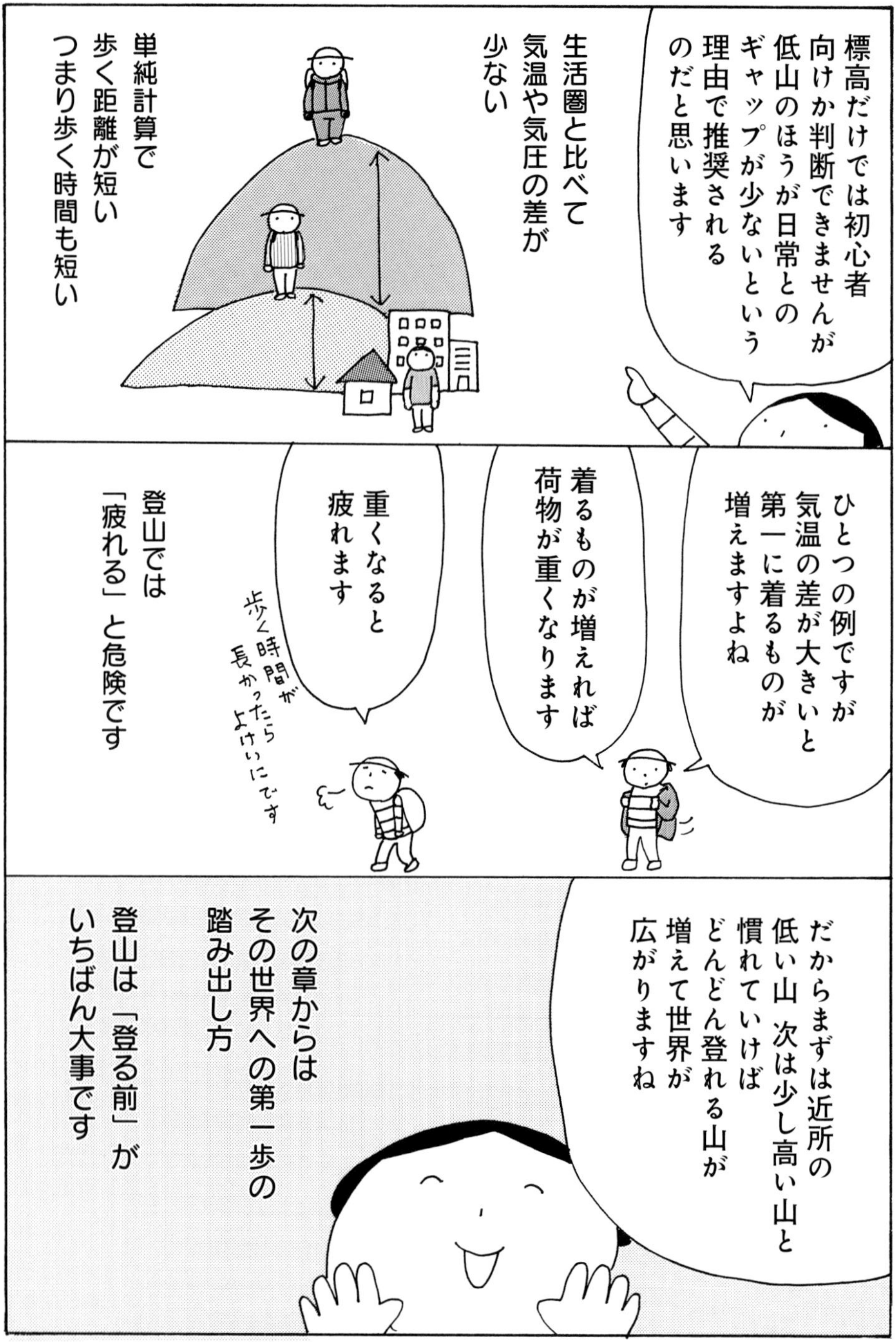
標高だけでは初心者向けか判断できませんが低山のほうが日常とのギャップが少ないという理由で推奨されるのだと思います
生活圏と比べて気温や気圧の差が少ない
単純計算で歩く距離が短いつまり歩く時間も短い
ひとつの例ですが気温の差が大きいと第一に着るものが増えますよね
着るものが増えれば荷物が重くなります
重くなると疲れます
歩く時間が長かったらよけいにです
登山では「疲れる」と危険です
だからまずは近所の低い山 次は少し高い山と慣れていけばどんどん登れる山が増えて世界が広がりますね
次の章からはその世界への第一歩の踏み出し方
登山は「登る前」がいちばん大事です

# 第2章
# 登山計画

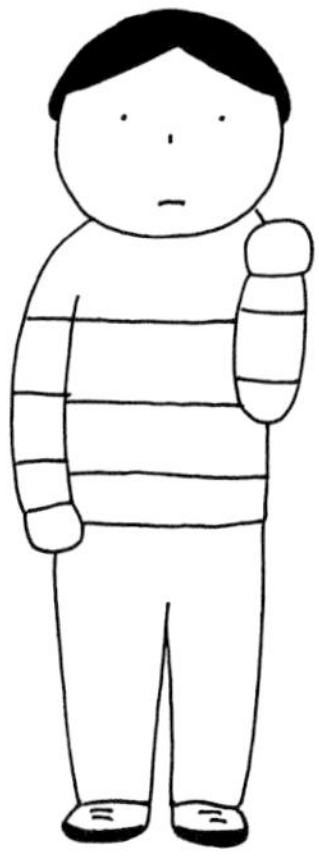

あなたには
あなたの登山
登山をはじめるにあたりこんなことからお話しするのは大変心苦しいのですが
まずは自分が中年であることを自覚しましょう
ペロッ
目がかすむ
常にどこか痛い
年の割にイケてると思っている
わるくないわね？
ピンクレディをリアタイした
はい おめでとう
友よ…
ぎゅ
主観はどうであれ周囲には 中年認定していただいております
若い子からの「ぜんぜん見えなーい」は出会ったことがある年上のストックが少ないからです
ヤバ！
マジ！
50才!?
信じられなーい

安全に登山をするために必要なのは「体力」と「判断力」です
体力がなくてもはじめられますが「ある程度」はほしいところ
終日外出できる程度あるとよいでしょう
ショッピング
お仕事
観光
登山中の「判断力」は「瞬発力」をともなう場面が少なくないため中年がはじめるときに最も留意すべき点です
ええっ!
どうする!?
ゴロ
ゴロ
どうする!?
はぁ!
ぬっ
ぬっ
次の足どこに置く??
どうする!?
だって肉体と脳がちぐはぐになることが増えていませんか?
小走りした途端足がもつれる
ぶつかる!と思ったときにはぶつかっている
あっ!
できるはずなのにできない
ガッシャーーーーン
わー

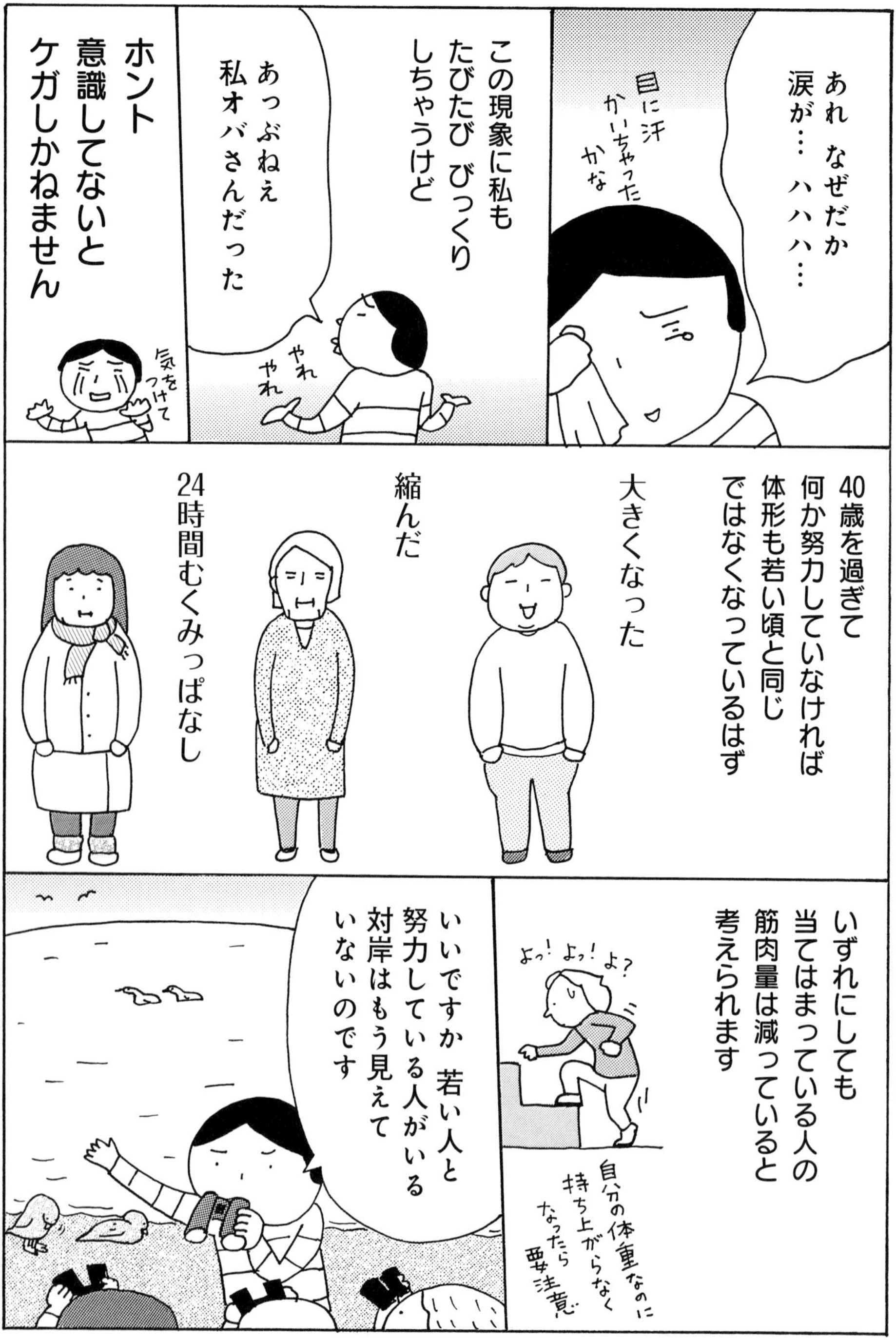
あれ なぜだか
涙が… ハハハ…
目に汗かいちゃったかな
この現象に私も
たびたび びっくり
しちゃうけど
あっぶねえ
私オバさんだった
やれやれ
ホント
意識してないと
ケガしかねません
気をつけて
40歳を過ぎて
何か努力していなければ
体形も若い頃と同じ
ではなくなっているはず
大きくなった
縮んだ
24時間むくみっぱなし
いずれにしても
当てはまっている人の
筋肉量は減っていると
考えられます
よっ! よっ! よ?
自分の体重なのに
持ち上がらなく
なったら
要注意
いいですか 若い人と
努力している人がいる
対岸はもう見えて
いないのです

そんなあなたが急に登山をはじめます
私がいちばん危惧しているのはこの自覚なく山に行くことです
学生のとき北アルプスの山はいくつも登ったし…
結婚前までテニスしていたから登れると思うな…
それは昔とった衣笠《きぬがさ》祥雄《さちお》
もとい杵柄《きねづか》です
ユーチューブで若い女の子が登ってるくらいだから…
70代の叔父が毎週行ってるっていうし大丈夫でしょ…
とんだうぬぼれです
その人達は対岸の人です
いいですか今日から昔の自分とも他の誰とも比べないでください
いまのあなたがいまのあなたで山に登ります

山を登ること
山を歩くことは
難しいことでは
ありませんが
常にケガや命を落とす
リスクと隣り合わせて
います
はじめは
息が切れたり
どこかが痛くなったり
することでしょう
一体　私は
なにをしてるんだろう？
疲れて
そう思うに
違いありません
でも登山をはじめた
ほとんどの人が
山から
帰宅してこう思うのです
また
山に行きたいな…
不思議ですよね？
わざわざ危ない場所に
行って
つらくて疲れる
ことをしたのにね
なのに
山に行った日は
「いい日」になる
はぁ…
なんか
すごく
いい一日
だった…
フフ…

最近「いい日」なんて
滅多に訪れませんものね
それで沼る。
わかります?「ハマる」って意味ですよ
だからといって中年が
いまからムキになって
対岸に渡ろうと
するのは危険です
登山をはじめれば
おのずと今いる岸からは
離れることになります
「体力」と「判断力」は
登山をしながら
少しずつ養えばいい
と思います
この岸も
わるくないけど
行ってくるわ
どうした?
行くのか?
沼ったわ…
いや川だけど
あ、山に
だけど
ぐっばい
今までの
岸
若い岸には戻れませんが
定年後にはじめた登山で
「日本百名山」※を踏破する
人も少なくありません
対岸に
行ける人も
います!
山は中年特有の
情けなさやプライドを
捨て正面から
がんばれる場所です
だから
認めちゃってください
アイアハア
オバサーン
やれば
できる
オバサーン

同行者を探せ！
これまで私が登山をはじめたい人を山に誘い出すのに使った作戦はこんな感じでした
山に登ってみたいなぁ…
でも私なんか…
そもそもなにからはじめたら…
はいこれ貸してあげる
えっ？
えっ？
サッ
はいタンスに入ってたこれ着ればOK
ほら、中学のときのジャージ
はい次の日曜日ヒマだよね？
ほい、お母さんのリュック使いなさい
とりあえず一度行ってきて！
ドンッ
わぁ〜私でも登れるんだ〜
うん
うん
うん
でしたが
今回は中年バージョンに作戦変更しました

名付けて「鈴木式ロード オブ ザ マウンテン〜中年物語〜」
登山当日までのプロセスに重点を置き バージンロードを歩くがごとく一歩一歩山へ向かってもらう作戦です
取り戻せるかも初々しさ!
作戦の流れを時系列でみていこう
その1 登る日を決める
・2週間〜3ヵ月先に設定
・休みを確保
・周囲に手回し
・同行者探し
ここさえ決まればあとは川が流れるように計画が進んでいきます
このファーストステップが最大の勇気!
その2 登る山を選ぶ
・ガイドブックを買う
・条件に合った山を探す
最初は「行きたい山」より「行けそうな山」
自分でそう思えることが大事
その3 タイムスケジュールを見積もる
・登山口までのアクセスを調べる
自宅から片道2時間未満が理想です
公共交通でもマイカーでも

・登山スケジュールを見積もる

・ガイドブックを参照してマイコースタイム（予測）を出す

・アクセスと登山スケジュールを合わせて1日のタイムスケジュールをメモする

必ず書き残そう！

## その4 登山用品を物色する

・登山用品専門店に行く

必要なものは買う
必要か分からないものは保留

おうちに代用品があるかもしれない

## その5 登れる身体づくり

・体をほぐす

・可動域を広げる

・階段トレーニング

・オプショントレーニング

日常生活を削らない
意識するだけトレーニング

むずかしくないよ

## その6 登山直前の支度

・登山届を書く

121ページに見本あります

・パッキング（荷造り）

・足りないものを買う

## その7 登山に行く

いってらっしゃい

その3でつくったタイムスケジュールが役に立ちます
本番は楽しんでいきましょ

## その8 下山・帰宅

おつかれさまでしたー

やったね！
おうちに帰るまでが登山です

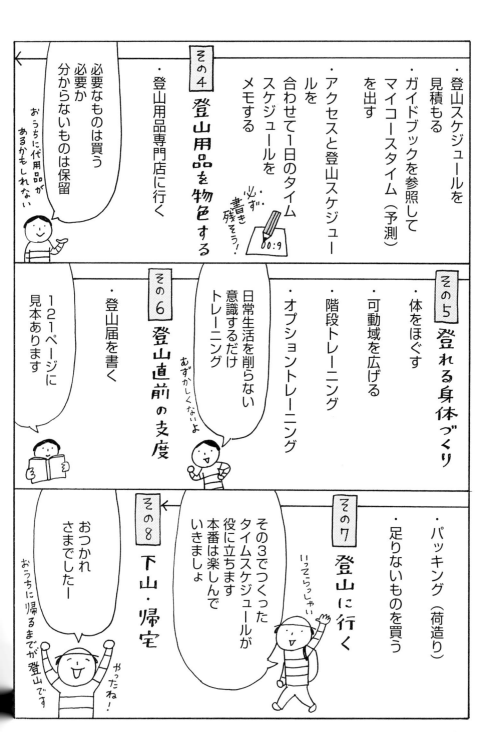

女が又力にぃそをを
努 力
今回の作戦のキーワードは「努力」昭和生まれに叩き込まれている根性を利用してもらおうかと！
日常生活の努力ってあんまり報われないじゃないですか…
やるせねぇ
それに目標を提げて努力すること自体が減ってしまったし
めんどいしね
でも我々世代が安全に登るためには努力が必要不可欠
だからー
どうせだし報われようぜ
努力すればするほど返ってくるものが大きいような気がする！
ギギギ..
そんな体験を山でしてもらいたいです
アーレー
ヴィーン

登る日を決める
登山決行日を決めるために
やらなくてはいけない
こと
休みをもらう
息をしているだけで
生活できる独身貴族で
あられるなら関係のない
話ですが
毎日がルネッサーン
家族がいるなら家族
仕事をしていたら職場
自営業なら自分
ハイッ、休ませてもらいます
誰かひとりくらいには
許諾をとらなければ
ならないはずです
特に「同居家族」
ここはしっかり手を回しておきましょう
黙って山なんて行ったら
よからぬことを
疑われます
え？ いま山にいるってどういうこと？

理想を言えば登山翌日の半休までとれたら御の字
ちょっとひどい筋肉痛で…
ええ… 登山に行っちゃって…
あ、はい、山で。すみません
若いときは遊びの疲れを仕事に持ち込まないなんて思っていましたがね
今は休日の休みが欲しい
上司に文句いわれたくないし
平日休みのほうが人が少なく山を満喫できる面では分があるのですが
本当にここが登山道かしら
不安…
はじめはあえて人の多い土日を狙うほうが安心です
いざとなれば聞いてみよう
土日にするともうひとつ利点が
同行者を見つけやすい
いっても人口の大半が土日休みですから
それに 通常平日休みの人も土日にはイイワケが作りやすいですしね
次の日曜日かんこんそうさいで
どれ？

大人になると
誰かと休みを合わせるのは
至難の業
ごめーん 子供の…
親の…
旦那の…
仕事で…
しめきり…
病気で…
それに加えて
「登山に…」なんて
言える相手は限られて
いるでしょう
登山？
登山！
登山？
登山？
登山？
登山？
そんなとき まず
思い出してほしいのが
「登山経験者」です
当時は聞き流していたと
思います
このあいだ山に
行ったんだけど
さー
へぇ～
なんて言っていた人
どこかにいません
でしたか？
初登山の同行者に
最適なのは
「経験者」です
疎遠になっていても
そんなに仲良くなくても
その人のことが
嫌いでなければ連絡を
とってみてください
ハイッ
初登山に付き合って
もらえませんか？
メラ
メラ
登山好きの人なら
きっと話を聞いてくれます

「経験者」に心当たりがなければ「家族」か「友人」に手を広げましょう
友人選びで注意すべきは「調子がよすぎる人」
登山行かない？
行ったことないけどちょろいよ 行こう
最近なにもやりたいことがない……
逆に 少し暗くても冷静な人のほうが登山向きかも
で あなたのほうは？
ズッ
話をして楽しくいつもあなたのことも気にしてくれるような人が思い浮かんだら――
登山をはじめたいと思ってるんだけど……
そうなの？意外だね
ズズッ
一緒にやらない？
そうきたか
付き合って!!
なにそれ
とりあえずこの本を渡してみましょう
知ってる山からはじめよう
大人の日帰り登山
鈴木みき
山がある人生
そっ

「家族」が協力的なら
文句なしに
最強のバディに
なるでしょう
しかも計画しやすい
ただし 家族間だと
遠慮がないため
不向きな場合も…
ママ早くしてよ――
おそい〜
わかってる！うるさいなー
お菓子食べすぎなんだよ
誰を誘うにしても
気が合う人がいいですね
登山に
ハプニングはつきもの
なので その対処法が
似ている人のほうが
上手くいきます
ちなみに ご夫婦で
もめているのをよく見ます
あなたが！
おまえが！
大変だな〜
さて ここまで読んでも
誰も見つからなさそうな
あなた
お待たせしました
大丈夫です
ひとりで行きましょう
初心者が
何人集まっても
初心者なので ひとりも
そう変わりません

「ソロ活」が苦手なら
「ツアー登山」に参加する
のがおすすめです
ご存じないかもですが
登山専門のツアー会社も
あり 大手旅行会社も
「登山ツアー」を
企画しています
山っていい友
ツアー
最初は
初心者限定や
初心者向けに企画
されたツアーが狙い目
お値段はしますが
計画の手間もなく
事前の不安や事故にも
対応してもらえるので安心です
日程が決まっている
からタイミングよく
丁度いいツアーが
あるとは限らないのが
デメリット
ちなみに私が企画同行
しているツアーもあります
「山っていい友!
ツアー」初心者歓迎です
もし逆に団体行動が
苦手であれば
「ひとり登山」が
うってつけです
ひとりで行く
登山スタイルは とかく
「危険」と言われることが
多いです
でも本当に
そうかな～?
ボソッ
私は同行者の有無で
「山の危険」はそれほど
変わらないと思っています

確かに「単独行《ひとり》」は行方不明になる遭難リスクが高まることは否めません
同行者あり
わー 助けを呼ばなきゃ
同行者なし
うごけない…
でもさ 同行者がいても転ぶし 道にも迷うしな
経験者でもその時に対処できなければ初心者と同じです
とりあえず最初は「起きてから」より「起きないように」全集中
経験者でも初心者でも同行者がいてもいなくてもひとりひとりが自分の身は自分で守る
それが大前提
同行者探しは難関だと思いますが見つからずにはじめることをあきらめてほしくありません
山に行きたいのに…
すぐに見つからなくても いずれ必ず現れます一生ものの友達ができやすいのも登山の魅力のひとつです
「山友《やまとも》」は宝♡

登る山を選ぶ
登山日を決めたら山選びです
キーワードは「安・近・短」日帰りできるコースを選びます
現代は情報社会 スマホ検索であまたの登山情報が得られます
そんなご時世ですが中年よ 本屋に行こう
近くになければ通販でもOK
情報の信頼度が高いのは紙のガイドブックです
大型書店なら「スポーツ」か「登山」の棚に並んでいます
はじめての山登り
関東の山
ご自宅近郊の「登山コース」「ハイキングコース」がいくつも載っているものを選んでください
コースごとに「登山適期」と「難易度（ランク）」が記されているのでまずはそこだけに注目
《例》
★ 入門～初級
★★ 初級～中級
★★★ 健脚者向け
基準は必ず巻頭に書いてあるのでそれを参考に!
「難易度」が入門～初級となっているコースを洗い出してみましょう
フセン貼っとこ
ペトッ

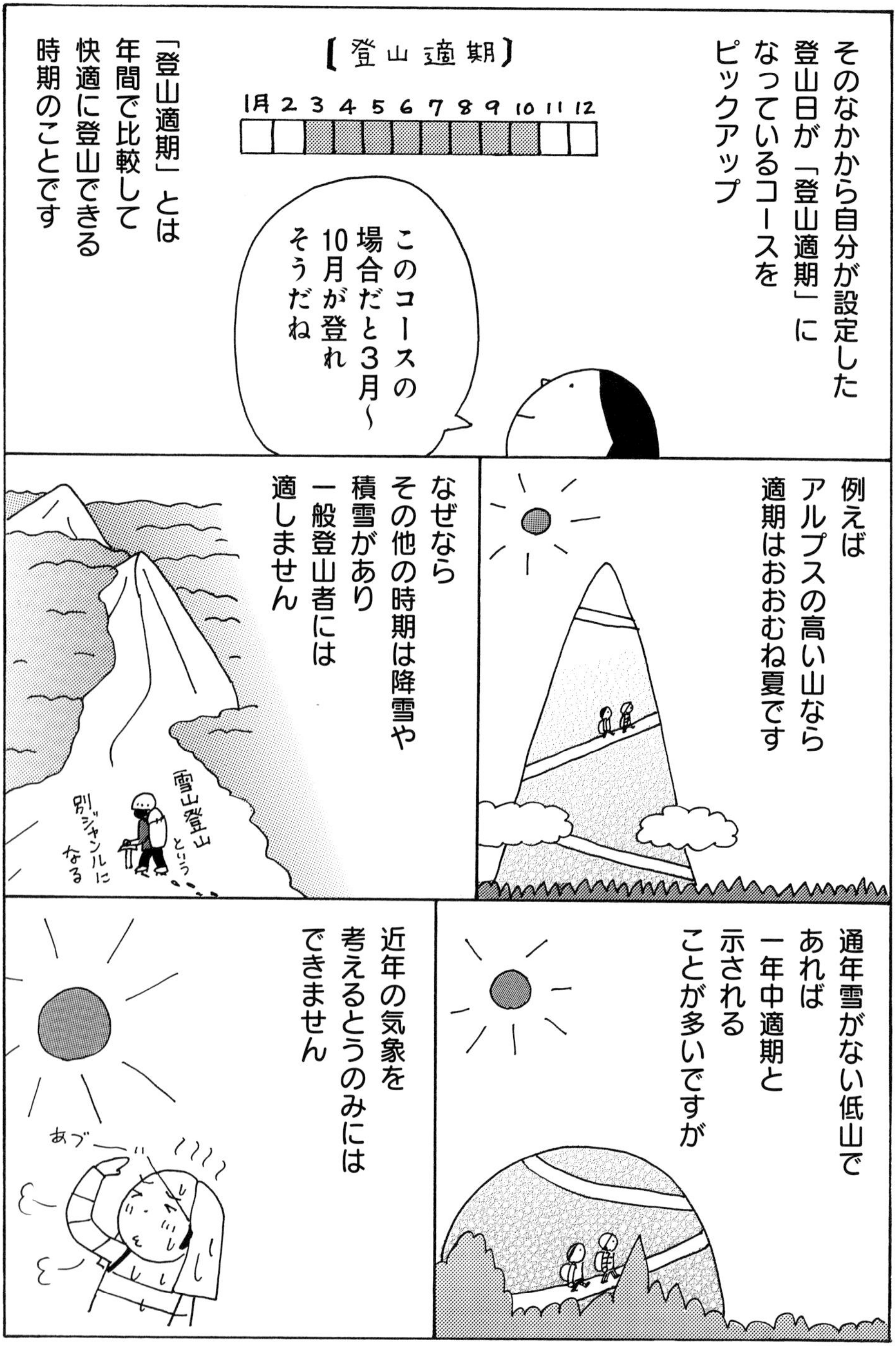
そのなかから自分が設定した登山日が「登山適期」になっているコースをピックアップ
【登山適期】
1月 2 3 4 5 6 7 8 9 10 11 12
このコースの場合だと3月〜10月が登れそうだね
「登山適期」とは年間で比較して快適に登山できる時期のことです
例えばアルプスの高い山なら適期はおおむね夏です
なぜならその他の時期は降雪や積雪があり一般登山者には適しません
雪山登山という
別ジャンルになる
通年雪がない低山であれば一年中適期と示されることが多いですが
近年の気象を考えるとうのみにはできません
あブ〜

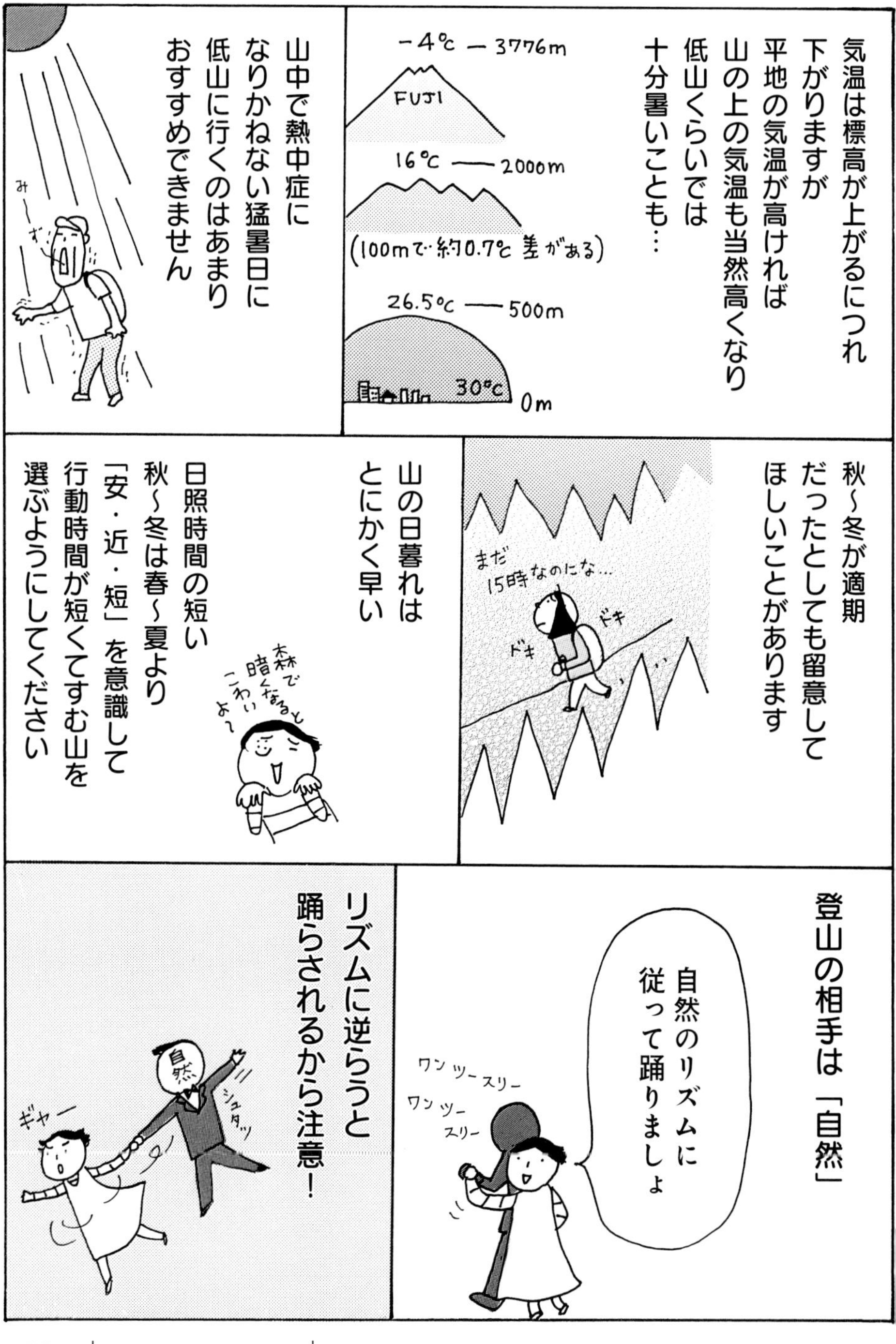
気温は標高が上がるにつれ下がりますが
平地の気温が高ければ山の上の気温も当然高くなり
低山くらいでは十分暑いことも…
−4℃ — 3776m
FUJI
16℃ — 2000m
(100mで…約0.7℃差がある)
26.5℃ — 500m
30℃
0m
山中で熱中症になりかねない猛暑日に
低山に行くのはあまりおすすめできません
みーず
秋〜冬が適期だったとしても留意してほしいことがあります
まだ15時なのにな…
ドキ
ドキ
山の日暮れはとにかく早い
森で暗くなるとこわいよ〜
日照時間の短い秋〜冬は春〜夏より
「安・近・短」を意識して
行動時間が短くてすむ山を選ぶようにしてください
登山の相手は「自然」
自然のリズムに従って踊りましょ
ワン ツー スリー
ワン ツー スリー
リズムに逆らうと踊らされるから注意！
自然
シュタッ
ギャー

次に「歩行時間（コースタイム）」を確認
この時間《タイム》は休憩時間を含まない往復所要時間です
歩行時間
2時間5分
丸山
1260m
歩行距離
体力★
技術★
時間を決める基準はガイドブックによりますが
①夏の晴天時に
②2～5名で歩いた場合
③登山経験者の40～50歳が…
40～50歳!?
久々に見たら自分が基準を超えていてびっくり…
高校野球が年下になっていたときと同じ動揺…
だから実際にはもっと時間がかかると思わなくてはいけません
ねがいましては…
休憩でプラス1時間
どうせモタモタするからプラス30分
初心者&年齢のハンデで30分…とすると
パチ
表記されている「歩行時間（コースタイム）」が「3時間以内」が現実的なところです
これでかなり候補が減りましたね
今度は「アクセス」を読みざっくりと行き方が想像できるところはないでしょうか
たとえば…
あの電車の終点か…
いつか行ったそば屋さんのほうだ…
あの大きなスタジアムの近くかも…
知っている人住んでたな…

どうしてかというと――
実は登山でいちばん難しいのは「アクセス」かもしれません
慣れてくれば登山口のありかが匂いでわかってくるのですが
くんくん
山田商店
低山ほど最初はなかなか見つからないものです
登山前に遭難か…?
それがまったく縁のない遠くの地だととっても不安になっちゃうんですよね
家から近いほどベター
近ければ安くも済むし
そうだ　ここ隣の市だよな…
たしか近くにカフェあったな
さいあくお茶して帰ろ
なんとなくでも最寄り駅や麓の様子を知っていると心的ストレスが軽くなります
山に登るってだけでも緊張しますから少しでもね
忘れていた思い出と再会したりして…
あ、ここ昔デートで来たことある
山のカフェ
OPEN

最終的には
フィーリングで
候補がいくつか残ったら
写真やガイド文から
心ひかれた山
そこに決定！
ポイントを
おさらいします
① 日帰りコース
② 難易度が低い
③ 登山適期内
④ コースタイム
3時間以内
⑤ アクセスの想像ができる
⑥ なんか良さげ
山の難度は
技術的なことだけでなく
「標高」「季節」「気象」
「アクセス」など
トータルで決まります
自宅近郊の
コースタイムの短い山を
選ぶことが
初心者にとって
安心・安全に
つながります

タイムスケジュールを見積もる
行く山を決めた勢いで ざっくりとタイムスケジュールをつくってしまいましょう
ガイドブックを開いているうちにメモしておくとのちのちラクです
だって私たちすぐ忘れちゃうから！
必ず書き留めとこ！
タイムスケジュールを決めるときに基準にするのが「下山時刻」
14
15
どんなコースでも14～15時までに下山できるようにスケジュールします
例えばコースタイムが3時間なら——
14時に下山するなら単純計算で入山は11時
だけど休憩とハンデを合わせてプラス2時間ほしいから9時には登山口にいなくっちゃ
だったら自宅を…
えーっと…

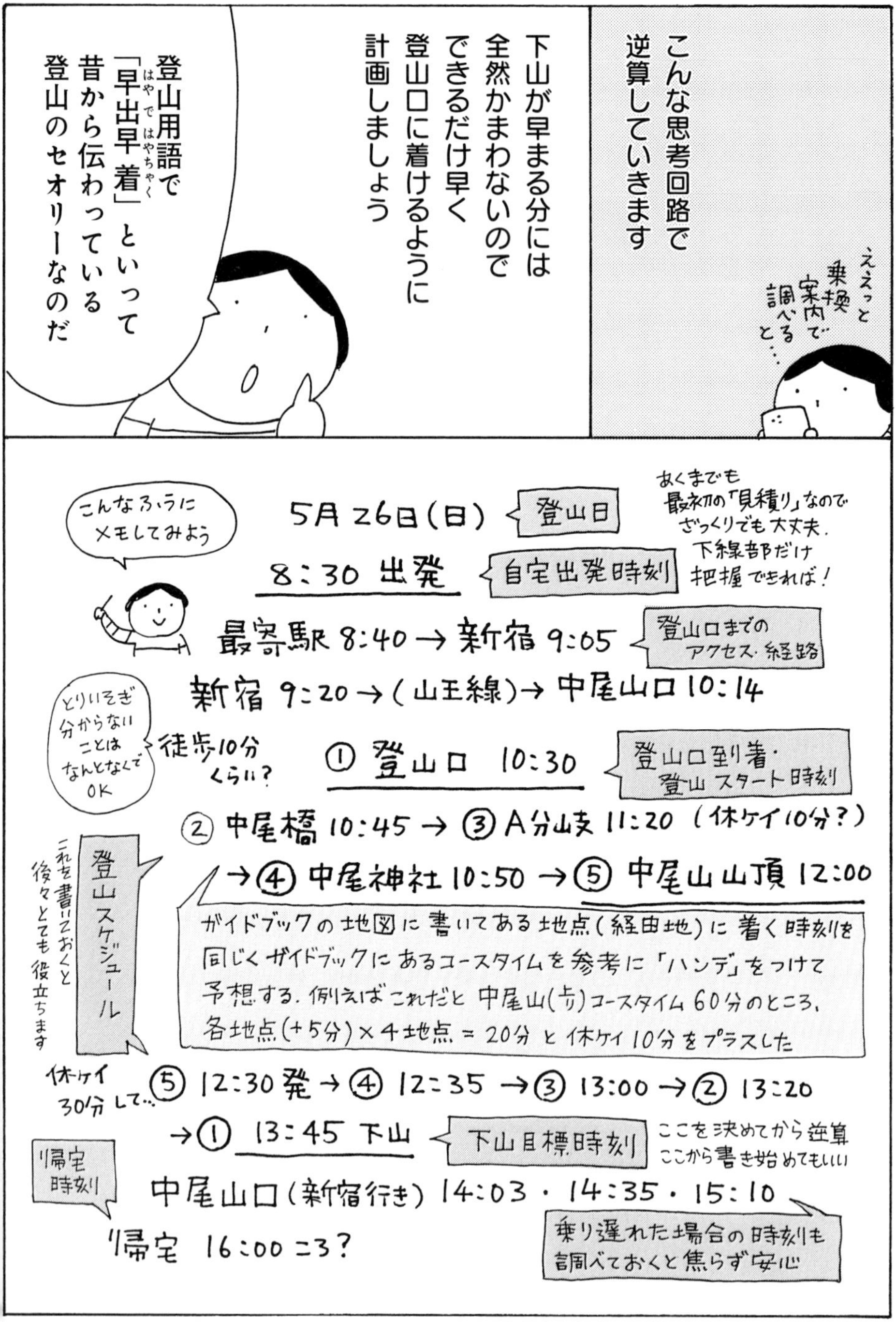
こんな思考回路で逆算していきます
ええっと乗換案内で調べると…
下山が早まる分には全然かまわないのでできるだけ早く登山口に着けるように計画しましょう
登山用語で「早《はや》出《で》早《はや》着《ちゃく》」といって昔から伝わっている登山のセオリーなのだ
こんなふうにメモしてみよう
5月26日(日)
登山日
あくまでも最初の「見積り」なのでざっくりでも大丈夫。下線部だけ把握できれば！
8:30 出発
自宅出発時刻
最寄駅 8:40 → 新宿 9:05
登山口までのアクセス・経路
新宿 9:20 → (山王線) → 中尾山口 10:14
とりいそぎ分からないことはなんとなくでOK
徒歩10分くらい？
① 登山口 10:30
登山口到着・登山スタート時刻
② 中尾橋 10:45 → ③ A分岐 11:20 (休ケイ10分？)
→ ④ 中尾神社 10:50 → ⑤ 中尾山山頂 12:00
これを書いておくと後々とても役立ちます
登山スケジュール
ガイドブックの地図に書いてある地点(経由地)に着く時刻を同じくガイドブックにあるコースタイムを参考に「ハンデ」をつけて予想する。例えばこれだと中尾山(上り)コースタイム60分のところ、各地点(+5分)×4地点＝20分と休ケイ10分をプラスした
休ケイ30分して…
⑤ 12:30発 → ④ 12:35 → ③ 13:00 → ② 13:20
→ ① 13:45 下山
下山目標時刻
ここを決めてから逆算 ここから書き始めてもいい
帰宅時刻
中尾山口(新宿行き) 14:03・14:35・15:10
乗り遅れた場合の時刻も調べておくと焦らず安心
帰宅 16:00ごろ？

架空の山・コース・路線です

ここでどうしても無理が
あるなぁと少しでも
感じたら　別のコースで
考え直してみましょう
乗り換えや
林道の運転など
アクセスに不安がある
← 駅や町に近い山にする
下山が15時を過ぎそう
← 今よりコースタイムが短い
別の山にする
登山口まで片道3時間以上
← コースタイムが
少々長くなっても
家から近い山にする
移動時間や朝のバタバタ
帰宅後の片づけなども
慣れないうちは疲れの
一因になります
初めてですし
欲張らずに
帰宅時にこうならないように…
計画に迷いがでたら
ちゃん・リン・シャン
もとい
安・近・短を
思い出してください
みきしまる
ひろこ
ガイドブックにはおそらく
下山後の立ち寄りスポットが
載っています
余裕があれば　それを含めて
計画してみては
日帰り温泉?!
道の駅!?
!!
なんですとー
山のガイド
① 13:45 下山
(徒歩15分)
中尾温泉♨
JR中尾駅までバスあり
16:05 ↓ 16:30
17:05 ↓ 17:30
こっちかなー?
中尾駅 16:40
17:42
長湯だよ
そーだよ
カキ
カキ

## Column 2 日帰り登山 持ち物リスト

荷物について、「あれもこれも持っていきたい」「心配だから」と増えていくタイプと、「なくても大丈夫」「どうにかなる」とどんどん減らしていくタイプがいます。登山ではこのどちらでも困ります。多すぎれば重くなり背負って歩くのが大変ですし、持っていないといざというときに命に関わることも。今回は初心者のための持ち物リストを作ってみました。ここから増やすのは自由ですが、リストのものは削らずに荷造りしてください。

おさいふやスマホなどの
貴重品は
ポシェットなどに分けると
移動時に便利ですよ
着ていくものについては
次章でご案内します

| | |
|---|---|
| | レインウエア（上下） |
| | 防寒着（薄手のダウンジャケットやフリースなどを夏でも） |
| | お昼ごはん |
| | 飲みもの（最低1Lの水やお茶スポーツドリンクなど） |
| | おやつ（歩きながら食べられるものがベター） |
| | ヘッドライト |
| | サングラス（コンタクトの人は予備かメガネがあると安心） |
| | 日焼け止めクリームなど（山の紫外線は平地より強い） |
| | 登山地図（ガイドブックのコピーか市販の紙の地図） |
| | 登山計画書 |
| | スマホとモバイルバッテリー |
| | 現金（山間地ではカード類が使えないことも） |
| | 健康保険証 |
| | 手ぬぐいかタオル |
| | 肌着（ベースレイヤー）の着替え★1 |
| | 折りたたみ傘 |

| | |
|---|---|
| | 常備薬と応急処置セット<br>例）痛み止め、下痢止め、バンソウコウ、テーピングテープ、生理用品、使い捨て手袋、小さいハサミ…、など<br>（セットになっているものも売っています） |
| | 使い捨てカイロ（念のため夏でも） |
| | トイレットペーパーとゴミ袋（ペーパーが濡れないようにジッパー袋に入れていくといい） |
| | 携帯トイレ（トイレがいくつかあるコースならなくてもok） |
| | エマージェンシーシート★2 |
| | ライターかマッチ |
| | 推しの画像など（辛くなったときに元気になるもの） |
| | |
| | |
| | |
| | |
| | |

★1 山の経験が少ないうちは、もし雨や汗で体まで濡れたら着替えるようにしてください

★2 非常時の体温保持に役立つシート。登山用品店やホームセンターで購入可能です

# 第3章
# 登山準備

初登山までの準備期間
おお、なかなかちゃんとしたタイムスケジュールですね
さすが編集者！
鈴木みき（51）
運動経験はないが
登山歴26年
好きな言葉は「一石二鳥」
それはよかった出張のスケジュールを組む感じで書けました
コースタイムのハンデ多すぎですか？
編集さん（54）
鈴木にそそのかされ
初登山に挑戦することに
2児の母、インドア派だが
学生時代はバレーボール部
プラス3時間…昼寝でもするならアリかな
あ…
でも私も編集さんがどのくらいのペースで歩けるか知らないですし、当日が近づいてから調整しましょう
この段階では目標の山がアクセス可能で一日の流れがわかればオッケーですよ
足でまとい…
みきさんに私のペースで歩かせるのは申し訳ないような…

それは言いっこなしで
当日の時間管理はさせてもらうかもしれないけど　登山中は基本的にいちばん遅い人にペースを合わせます
でも初心者のペースが遅いとも限りませんしね
逆に私を置いていかないでくださいね
は…
そうそう　みきさんて持久力だけの人だから急いだりできないですもんね～
助手くん（39）
山ガールブームで登山をはじめた
会社員　鈴木の弟子
天然そうで猪突猛進タイプ
どもー
編集さん
はじめましてー
助手くん久しぶり最近山は？
ぜんぜん行ってまへん
上司も部下も使えなくて忙しいしい
ハッハッハッ
山友も家庭だ仕事だで誘いにくくってぇ～
助手くんも大きくなったもんだ
そういう年頃だねー
やっぱりわかります？
あら
そう
いわれると…
ムニッ

お忙しいのに私が決めた日にちで大丈夫でしたか？
それは全然っ！もうずいぶん登山から遠ざかっていたからこんな機会でもないと重い腰が上がらなかったです
うちも親の介護がはじまったから 自分のために出かけるのは気が引けるとこがあっていいイイワケができました
ペシッ
けっこうみんなキッカケ待ちだよね
うん
うん
うん
でもなんで2ヵ月も先なんですか？
私が山を歩けるような体力がつくにはそのくらいかかるかなと思いまして
いつ運動らしい運動をしたか思い出せません…
ずいぶん慎重ですね？

編集さん本人が見積もるのがいいのよ
自分の感覚で必要な準備期間をかけて初日を迎えてほしいんだ
私のときはほとんど電波少年みたいに目隠しされて山に連れていかれた記憶が…
若いってだけでなんとかなるってことがあんのよすごいのよ
で これから山道具屋さんに行くんですよね？
それは早くに行くんですね？
そうよ 2ヵ月間のモチベーションは道具を揃えたからというケチな根性よ
後戻りさせないわ
そんな魂胆が⁉
はい
でも確かに登山グッズを買ったら一気に現実味が出てテンションが上がるかも
事前に使って慣れておけるメリットもありますし！
そうですね！これは老後への投資今までのごほうび
お姉さんたち買い物したいだけかな？

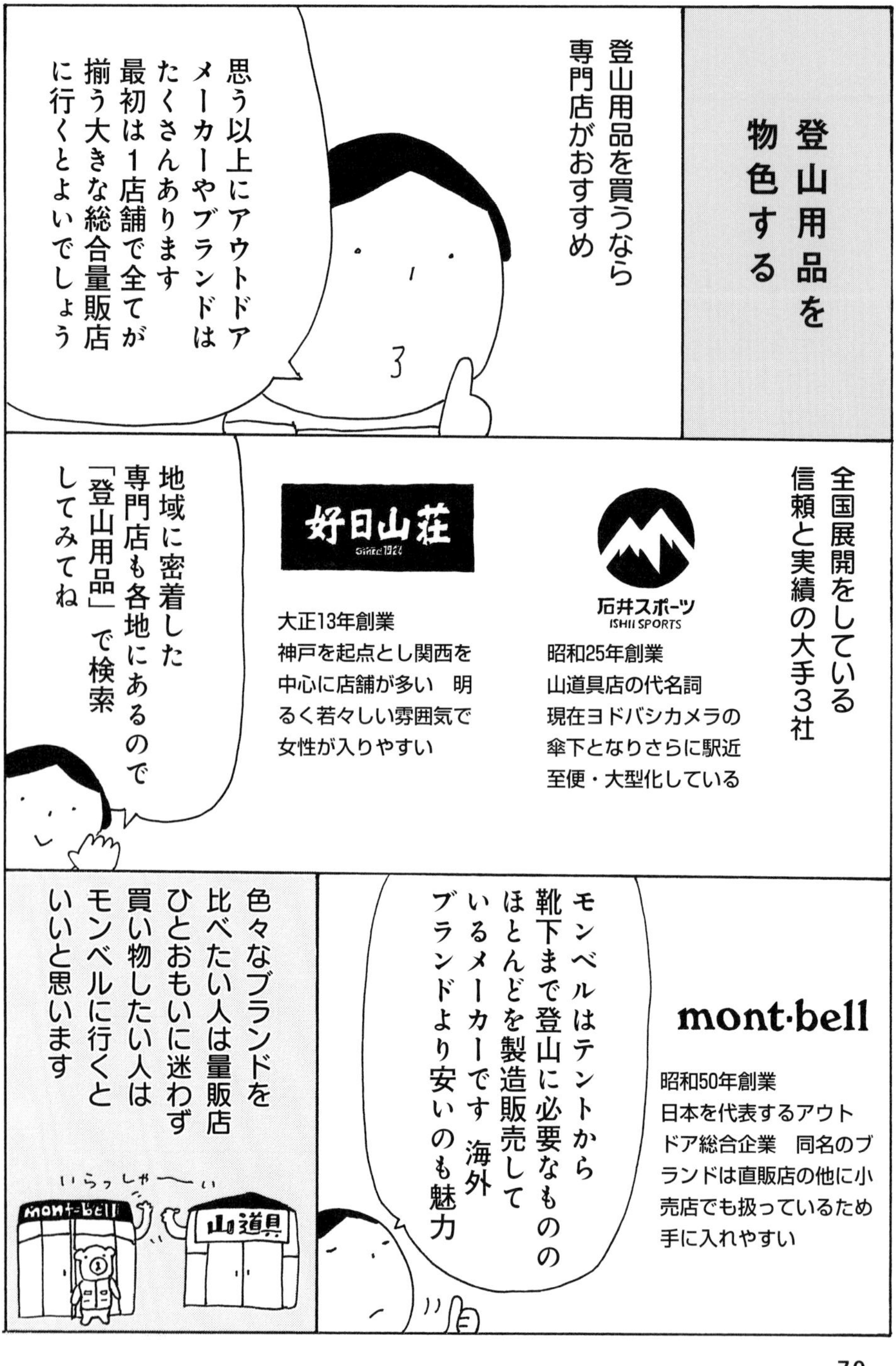
登山用品を物色する
登山用品を買うなら専門店がおすすめ
思う以上にアウトドアメーカーやブランドはたくさんあります
最初は1店舗で全てが揃う大きな総合量販店に行くとよいでしょう
全国展開をしている信頼と実績の大手3社
石井スポーツ
ISHII SPORTS
昭和25年創業
山道具店の代名詞
現在ヨドバシカメラの傘下となりさらに駅近至便・大型化している
好日山荘
大正13年創業
神戸を起点とし関西を中心に店舗が多い 明るく若々しい雰囲気で女性が入りやすい
地域に密着した専門店も各地にあるので「登山用品」で検索してみてね
mont·bell
昭和50年創業
日本を代表するアウトドア総合企業 同名のブランドは直販店の他に小売店でも扱っているため手に入れやすい
モンベルはテントから靴下まで登山に必要なもののほとんどを製造販売しているメーカーです 海外ブランドより安いのも魅力
色々なブランドを比べたい人は量販店
ひとおもいに迷わず買い物したい人はモンベルに行くといいと思います
いらっしゃ〜い
mont-bell
山道具

「アウトドア」とだけうたっている店はキャンプに釣り、自転車用品なども扱っているので 物選びに注意しなければいけません
WORKMAN Plus
Alpen Outdoors
とくに「キャンプ」とはアイテムが似ているため混同してしまいがちですが「登山」では より機能性が重視されるためキャンプ用では物足りないことがあります
登山でも焚き火して肉とか焼いて食べるのかと想像していました
それは「キャンプ」ですね 肉を焼くことはあっても焚き火はNGです
登山用品はそれを背負って徒歩移動するためキャンプ用品より小さく軽いのが特徴です
全アウトドア用品中スペックは最上級
なのでその分高価です
なるほど
基本の一式を新調したら10万円以上
よーしここまできたらやったろうぜ!そんな気分です

だってなんかすごい陳列～!!
あれがテント？
あれは？
なにに使うの？
ウハッ
今まで自分には縁がないと思っていた見るのも初めてのものばかりです
まぁまぁあまり興奮すると破産しますぞ
今日は日帰り登山に必要な最低限のものを…
あ、いいですね～
これすごい大きい！
ケチの名にかけて厳選してきたんですけどぉ…
あの～
いらっしゃいませ
あれ？ みきさん次はどの山へ？
や
んや
誰としゃべっているんで？
専門店には必ず登山経験があるスタッフがいます
行く山と予算を伝えてアドバイスをもらうといいでしょう

大人の登山は
足元がいのち！
どなたさまも必ず購入してほしいのは「登山靴」と「靴下」です
ほかのものは持っている人に借りても足元は自分に合った自分のものがいいと思います
「登山靴」と一口にいっても靴売り場に行くといくつかのカテゴリーがあります
トレイルラン
トレッキング
軽登山
登山
雪山
軽い 柔らかい
重い 硬い
こんなに!?
このへんがいいです
最初から重くて硬い靴は疲れてしまうから 靴底が少し動くくらいがいいかな
ぐいっ
あれ？ 私のときはスニーカーでもいいって言われましたよ？

そうね
運動習慣がある人や
足首が柔らかい人は
もっと柔らかい靴
でもいいと思う
でも
編集さんは――
なる～
骨粗しょう症
だから…
予備軍
です！
決めつけない
でください！
脚力が弱い人は
靴の硬さでギプスみたいに
足を固定して 力を
あずけやすいんだ
ぐにょ
岩
ぐいっ
岩
てこの
原理
みたいに
だからカタチも
くるぶしの上まである
ほうがベターかな
△
力が
ある人向け
○
なんだか
ガンダムになった
みたいですけど
ドコッ
ドコッ
もう
履いて
た？
移動などの街歩きは
紐を上まで締めずに
いれば歩きやすい
ですよ
くるぶしあたりで紐を周回させ
結ぶ
足首の
可動域
アップ！
いつも
登山靴
なんだ…

よかったら
こちらで試し
歩きしてください
登山用品店に
よく設置されている
「山道お試し板」
↓
ジリッ
確かに坂道でも
グリップがいい
気がします
でも正直 他に
何を感じれば
いいか…
そうなのよ…
あ！ 靴下
厚いのに
替えましょう
いま
ご自分の
ですよね
いわれてみると
靴下が薄いからか
靴の硬さが如実
靴擦れ
しそう
かも…
登山用の靴下は
ウールや化繊製で
クッション性も
あります
蒸れにくく
臭いを
抑えて
くれます
お フィット感が
格段に増しました
硬い靴は
すぐになじまないから
靴下でサイズ調整する
といいですよ

とくに左右のサイズ差が あったり 外反・内反母趾 気味の方は靴と靴下の 相性が大切です
なんでも相談してください
編集さん どう？
指があたるとか…
なにも感じないので あれば大丈夫です…
合ってなければ痛いから
これとこれが 良かったと思いますが やっぱりけっこう 値が張りますね
トレッキングブーツ
¥24750 (税込)
¥31,900 (税込)
最近の物価高騰で 登山用品全般が 値上がり しちゃって…
でも、その カテゴリーの登山靴 なら防水機能がある から私は雨の日の 通勤にも役立って ますよ
会社で履きかえています
靴は履いていなくても 劣化してしまう消耗品 だから どっちも足に 合うようなら たくさん履きたく なるほうで
それでも迷うようなら いまだかつてファースト 登山靴が最高だったって 話は聞いたことないし 安いほうでいいかと！
営業妨害しなーい
あ…
…
えっと…

登山のマスト
アイテム雨《あま》合《がっ》羽《ぱ》
レインウエア
雨合羽は基本中の基本装備のひとつです
雨の日に行かなくても必要ですか？
できれば晴れた日に…
そうですね 必要です
山は気温が低いので雨に濡れてしまうと乾かないどころか体温を奪われて低体温症になりやすいんです
ちょっとならいいか…
けっこう濡れちゃった
さむい
動けない
街が晴れていても山では雨が降ることも
このへん雨
いい天気〜
濃い霧の中を歩くだけでもしっとりします
濡れても対処できる知識や経験がないうちは是が非でも濡れないでほしいです
グッション

雨対策以外でも
寒いときの上着として
ジャケットは大活躍
風を防ぐことで
暖かく感じます
内側の体温を
封じ込めておける
効果も
それにホラ これ着ると
いわゆる登山者っぽくて
かっこよくないですか!
それにしても
いっぱい種類があって
目移りしちゃいます
アウトドア用のレインウエアは
「雨ははじいて汗は出す」という
特殊な素材を用いています
雨は通らない
汗(蒸気)は逃がす
一般的な防水だと
汗が逃げず蒸れて
雨に濡れずとも自分の
汗で濡れてしまいます
だからやっぱり
高価なのですが…
はい 助手くん
雨の日も?
んっ?
はい
普段の雨の日も
便利ですよ
私は通勤に着ていきますよ
いったい助手くんは
どんな格好で
雨の日会社に
行ってるの?
こんなです

上下セパレートになって
いるものが山ではスタンダード
下に重ね着する
季節もあるので
ワンサイズ上がよいかと
風で雨が吹き上がることも
多いので「下」も必ず揃えて
ください
ポンチョだと
マリリンになる
靴やズボンの
汚れ防止にも
素材やブランドによって
お値段ピンキリ
カッコよさと
予算のせめぎ
合いですね…
上下セットは
割安だけどシンプル
すぎ?
専門店ですから
安かろう悪かろうの
商品は置いていません
どれも機能性は十分です
上下セット売りで
なければ着用頻度が
少ない「下」は安い
ブランドにする手も
また!
う〜ん
助手くんじゃないけど
私も雨の日は着ちゃう
上下で
下も!?
街で!?
だって傘さしても
濡れるじゃん
そんな人 東京を
歩いていいんですか?
ジャマだし
ま あれば
意外と街でも
使えるので
カッコイイのを選んでください

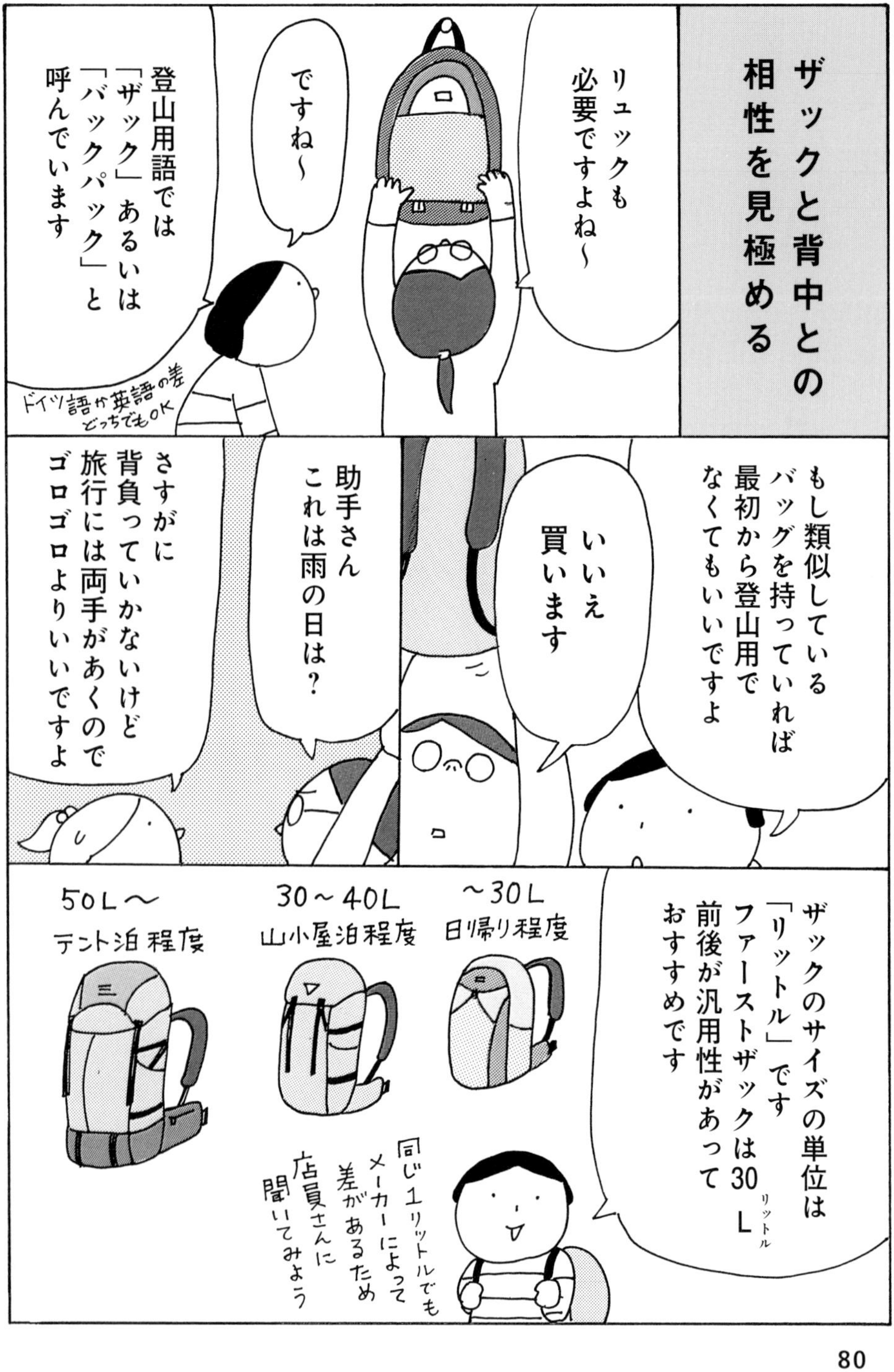
ザックと背中との相性を見極める
リュックも必要ですよね〜
ですね〜
登山用語では「ザック」あるいは「バックパック」と呼んでいます
ドイツ語か英語の差 どっちでもOK
もし類似しているバッグを持っていれば最初から登山用でなくてもいいですよ
いいえ 買います
助手さん これは雨の日は？
さすがに背負っていかないけど旅行には両手があくのでゴロゴロよりいいですよ
ザックのサイズの単位は「リットル」です ファーストザックは30L《リットル》前後が汎用性があっておすすめです
〜30L 日帰り程度
30〜40L 山小屋泊程度
50L〜 テント泊程度
同じ1リットルでもメーカーによって差があるため店員さんに聞いてみよう

日帰り登山の荷物はせいぜい5～6kgくらいにしかなりませんからまずは見た目でいくつかに絞ってもらっていいですよ
重いともっとシビアに選ぶのですが
ほとんどがユニセックスですが「女性用」とあるものは肩や腰まわりのつくりが小さめになっています
これとこれかな形の雰囲気がそれぞれ違うし捨てがたいな
最近は雨蓋《ぶた》のないザックも人気ありますよ
雨ブタ…
ブー
このメインの収納部に被さっている部分ですここも収納部分になります
パカッ
雨蓋
対してこちらが「ロールトップ」型といって
閉じるとこんな
蓋《ふた》がなく開口部をくるくると折るように閉じます

パカッと開いて中身が取り出しやすいです
パカッ
くるくるの回数で荷物の増減に対応できるのも素敵！
私は雨蓋型が好きなんだけど登山中に何でも便利に雨蓋に入れているうちに毛刈りした犬みたいになるよね…
パンパン
プターン
どうでもいい話だけど…
それはともかく雨蓋型は荷物を部屋分けして整理したい人にはいいね
これはここ
これはここ
これはここ
これはここ
雨蓋以外もいくつかある
私なんだけどね
雨蓋型でも取り外せるタイプにすれば荷物の増減に対応できます
かさが増えたときに対応できる
これだけでも1個のバッグになる
細かく解説すれば尽きないですが
どのタイプにしてもウエストハーネスがあるものを選んでください
このライダーベルトみたいなところね
ショルダーハーネス
チェストベルト
ウエストハーネス
単なる紐のようなベルトではなく薄手でも幅が広いものがいいです
なぜなら…

帯を締める感じで体幹が安定します
骨盤ゆるゆるですよね？
ゆるゆるですけど！
不整地の山道でザックが左右に揺れるとバランスを崩し転倒する可能性も
おっとっと
いくつかに絞れたら必ず店員さんにフィッティングを頼みましょう
理想は背中とのシンデレラ・フィット
君のザックだったんだね
わからないです…
そうだよね…
どちらも背中には合っています大丈夫ですよ
ザックと背中には相性があります
違和感や背負いにくさを感じなければ見た目で選んでください
そうですか

肝心かなめのベースレイヤー
かわいいウエアたくさんあるのにまだ見ないんですか？
そうね 今日はまだ買わなくてもいいかなと思ってるけど
えっ!?
編集さんは何かスポーティーな服持っていますか？
スポーツ用ってわけではありませんが速乾Tシャツとかヨガパンツならありますね
じゃあ それで
買わせてくださいよ
登山ウエアに求められるのは「動きやすく」て「乾きやすい」こと
これはジョギングやヨガなどスポーツウエア全般に共通していますね
それに加えて重要なのが「冷やさない」こと
寒さ 汗冷えで体温を奪われないこと

登山中は体感温度が
たびたび変化するため
こまめに脱いだり着たりして
体温調節する
必要があります
バババッ
薄手のウエアを
重ね着《レイヤリング》することで
細かな調節が可能です
登山ウエアは
大きく3つのカテゴリーに
呼びわけられます
4部門にした
ほうがイメージし
やすいかな
①ベースレイヤー
直接肌に
触れるウエア
ババシャツ的なTシャツ
靴下
タイツ
ブラジャー
おパンツ
②ミドルレイヤー（A）
ミドルレイヤーは
いわゆる「服」のウエア
(A)は肌に近い部門
みせられるTシャツ類
ズボン・スカート
薄手のフリース
③ミドルレイヤー（B）
(B)はより保温性の高い部門
(A)の上に重ねるウエア
薄手のダウンジャケット
フリースジャケット
防風性のあるジャケット
寒くなったとき羽織るもの
④アウター
必要なときに
一番上に着るウエア
ダウンジャケット
レインウエア
冬用のハードシェル
コートってかんじ

季節に合わせて
4部門からそれぞれ
1アイテム以上を選択して
コーディネートします
ウエアは毎回ドラフト会議ですよ
季節によって組み合わせが変わるんですね
ウエア選択会議
2024
夏
① ドライインナー
② 半袖Tシャツ
短パン
③ R1フリース
④ レインウエア
秋
① ウール長袖
タイツ
② 長袖シャツ
長パン
③ 薄手のダウン
④ レインウエア
大金持ちですか？
まだ…
登山ウエアは丈夫なので長い目で見れば安いと言いたいところですが一気に揃えるとなると大人とはいえ痛いと思います
優先順位が高いほうから買い揃えましょう
いのいちばん肝心かなめなのは…
ベースレイヤーです!!
ベース レイヤー
ドンッ
ここをしっかりしておけば他は別になんでも…
また言い過ぎですよ
編集さんは更年期…
まぁ…

中年は自分の体温だというのに
調節不能になるお年頃
ハフハフ
?
風邪かしら…?
さらに高齢になると
暑さ寒さを
感じにくくなります
そんな体温変化に
ともなう気持ちわるさを
着ないより着たほうが
快適にしてくれるのが
ベースレイヤーです
登山中は更年期症状の
「ホットフラッシュ」と一緒
突然
汗かく
突然
汗ひく
服しっとり
濡れる
あつい
やだ〜
はずい〜
服がつめたい
登っているとき
休憩中
気温が下がる
衣服の湿気（水分）が蒸発する
ときに、肌表面から体温を
奪う気化熱という作用で
体を冷やしてしまいます
レインウエアのときも
言われましたけど
ここでも「濡れ」に
注意するんですね
登山すれば汗は絶対に
かくものだから　それを
素早く肌に触れないよう
にするのがベースレイヤーの
役割なんです
代表的な
素材が２つ
あります

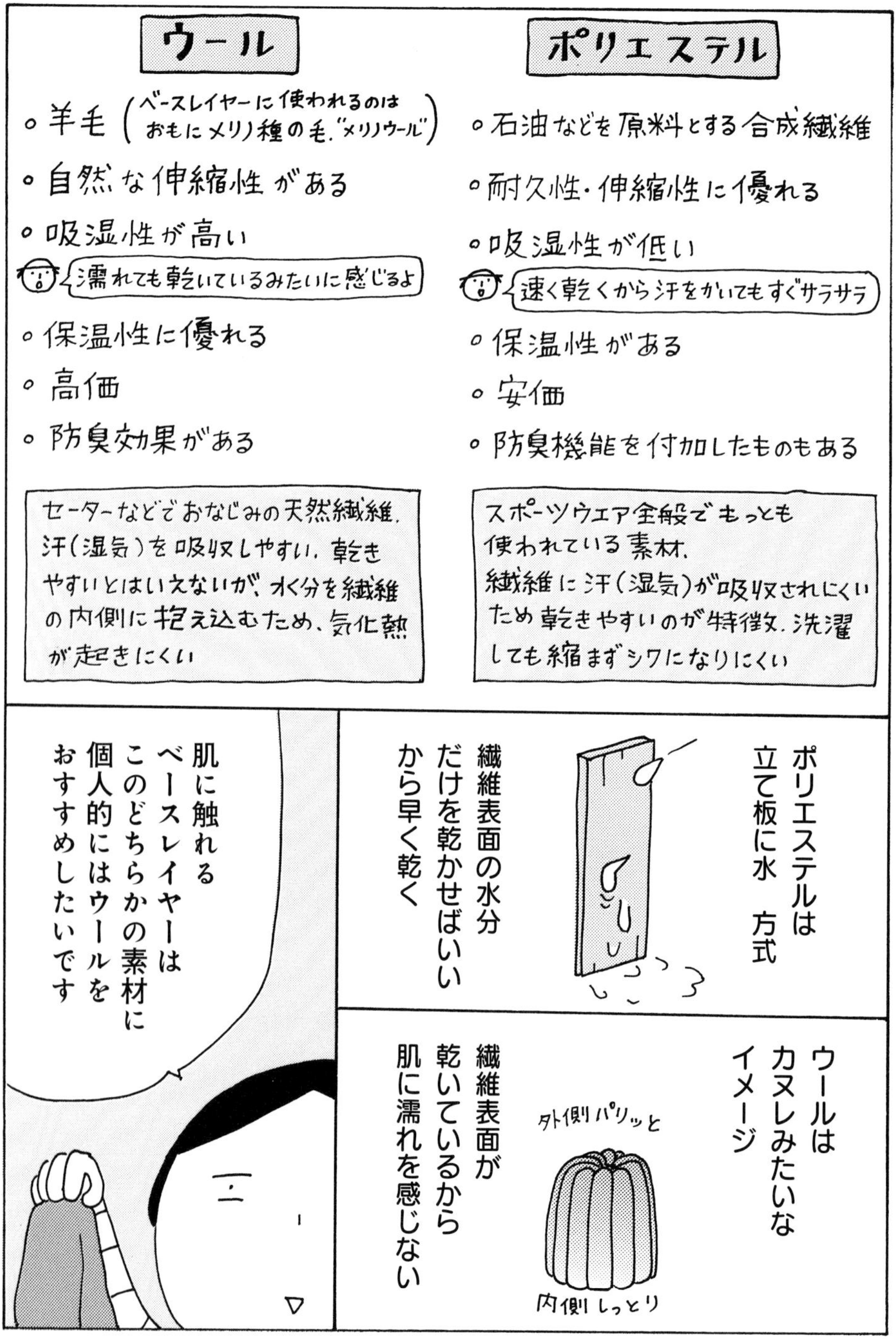
ウール
○羊毛（ベースレイヤーに使われるのはおもにメリノ種の毛。"メリノウール"）
○自然な伸縮性がある
○吸湿性が高い
濡れても乾いているみたいに感じるよ
○保温性に優れる
○高価
○防臭効果がある
セーターなどでおなじみの天然繊維。汗（湿気）を吸収しやすい。乾きやすいとはいえないが、水分を繊維の内側に抱え込むため、気化熱が起きにくい
ポリエステル
○石油などを原料とする合成繊維
○耐久性・伸縮性に優れる
○吸湿性が低い
速く乾くから汗をかいてもすぐサラサラ
○保温性がある
○安価
○防臭機能を付加したものもある
スポーツウエア全般でもっとも使われている素材。繊維に汗（湿気）が吸収されにくいため乾きやすいのが特徴。洗濯しても縮まずシワになりにくい
ポリエステルは立て板に水　方式
繊維表面の水分だけを乾かせばいいから早く乾く
ウールはカヌレみたいなイメージ
外側パリッと
内側しっとり
繊維表面が乾いているから肌に濡れを感じない
肌に触れるベースレイヤーはこのどちらかの素材に個人的にはウールをおすすめしたいです

ウールに抱え込まれた湿気は汗がひいて肌が乾燥してくると今度は少しずつ外側に放出されます
除湿と加湿の自動切換え運転…
すごい
ウールというと冬のものというイメージでしたが
ベースレイヤーで使われているくらい細い糸なら夏でもぜんぜんいけるんです
ホラ ちっともチクチクしないでしょう?
ホントだ 上質のニットですね 街着でもよさそう
そうそう 中年のピタピタツルツルのスポーツウエアってちょっと照れくさいし…
しっ
私は汗かきでウールの保湿量を上回ってしまうからポリエステル派ですよ
そうね 私もTシャツ1枚で行動できる季節はほぼポリエステルだな
デザインの種類が豊富で安いからついね
本当はウールで揃えたいけどね
羊がうらやましいですね
自前で…

汗かきさんにはこんなアイテムもありますよ
ドライインナー
汗かき感ゼロの新素材なんですよね
魚網…？
スッケスケ～
見た目の評判はいろいろですが 特殊な繊維で汗をマッハで肌から突き離してくれるらしい！
汗
スッ
スッ
スッ
ひふ
あと 見落としがちですがもはや勝負があるのかわからなくなったパッド入りのレーシーなブラジャーは乾きにくいからやめておけ
スポブラ上等！
オホホホホ
ベースレイヤーの大切さは理解したとしてミドルレイヤーはどこまで揃えればいいんだろう
4部門各1アイテム以上…
まだ時間があるんで一度家に帰って代用できるものを探しましょう
日帰り登山ならそんなガチガチに登山用でかためなくてもいい場合がほとんどですから
みきさんのケチは健在！

## 季節別　ウエアリング基本例

日帰り・低山・晴天時・無積雪の場合

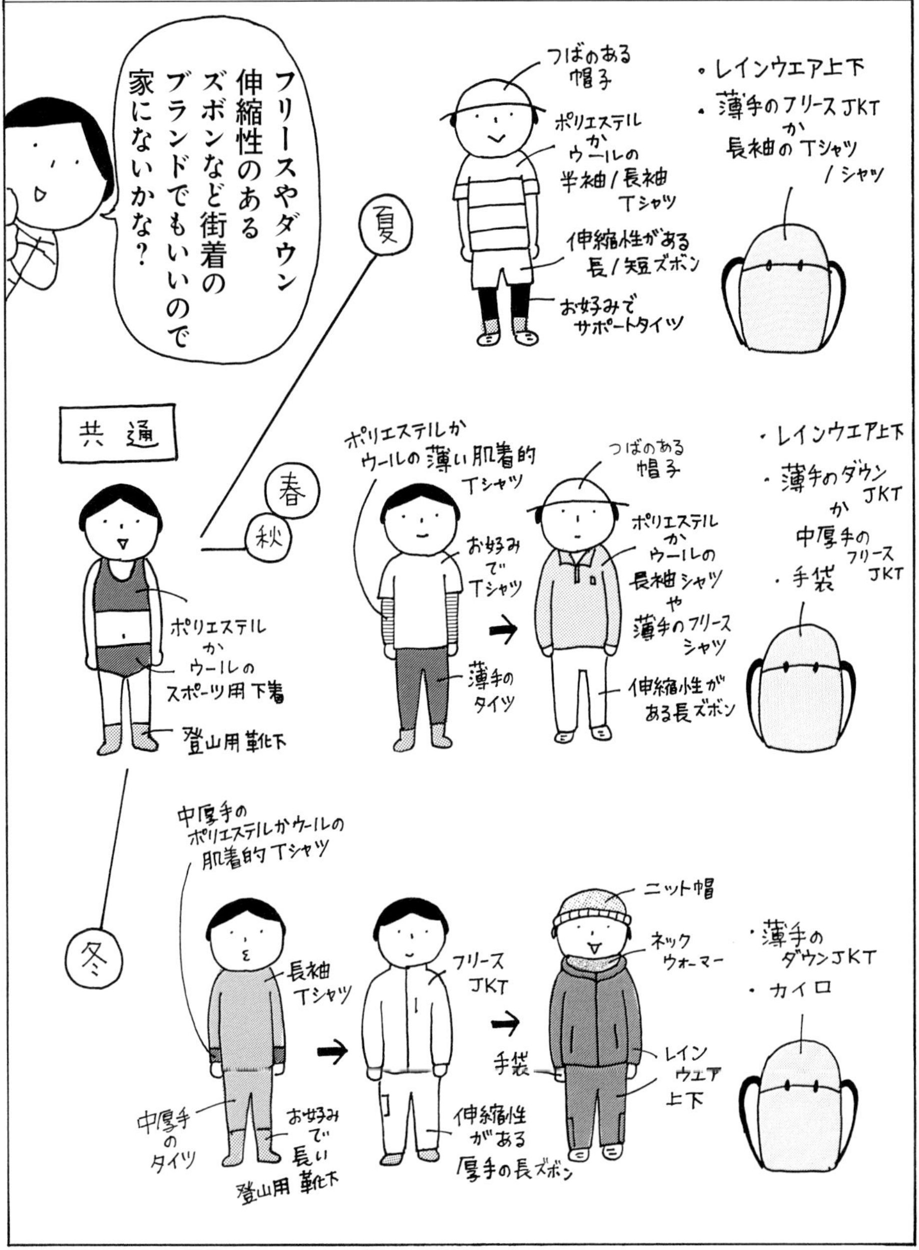

フリースやダウン伸縮性のあるズボンなど街着のブランドでもいいので家にないかな？
夏
つばのある帽子
ポリエステルかウールの半袖／長袖Tシャツ
伸縮性がある長／短ズボン
お好みでサポートタイツ
・レインウエア上下
・薄手のフリースJKTか長袖のTシャツ／シャツ
共通
ポリエステルかウールのスポーツ用下着
登山用靴下
春
秋
ポリエステルかウールの薄い肌着的Tシャツ
お好みでTシャツ
薄手のタイツ
つばのある帽子
ポリエステルかウールの長袖シャツや薄手のフリースシャツ
伸縮性がある長ズボン
・レインウエア上下
・薄手のダウンJKTか中厚手のフリースJKT
・手袋
冬
中厚手のポリエステルかウールの肌着的Tシャツ
長袖Tシャツ
中厚手のタイツ
お好みで長い登山用靴下
フリースJKT
伸縮性がある厚手の長ズボン
ニット帽
ネックウォーマー
手袋
レインウエア上下
・薄手のダウンJKT
・カイロ

日帰り登山でも必須な小物は？
最後は小物です
停電したとき灯りは何を使ってますか？
ろうそくです
はい 買っておこう
ヘッドライト～
ヘッドライト・ライト
150
テレレレッテレー
え!? 今回は泊まりませんよね？
ええ 明るいうちに下山予定ですけど…
もしかしたら…
助手くんが足をくじいたりヒザをいわせたり
ツッコミたいけど否定できない
つまり予定通りにいかなくて暗くなったら困るよねという話なのです

そんなことよくあるんですか?
あーほとんど起きません
でも…
起きることもある
ま お守りですよもし ご自宅に懐中電灯があれば日帰り登山のうちはそれでもかまわないと思いますよ
ちょっと重いとは思いますが…
それならスマホのライトでもいいのでは?
懐中電灯同様に片手がふさがるとはいえ光量は十分だし別にいいと思うんですけど…
スマホの電池なくなっちゃいますよ?
ここぞというとき助けが呼べませんよ?
あーお子さんにLINEもできないなー
買います…

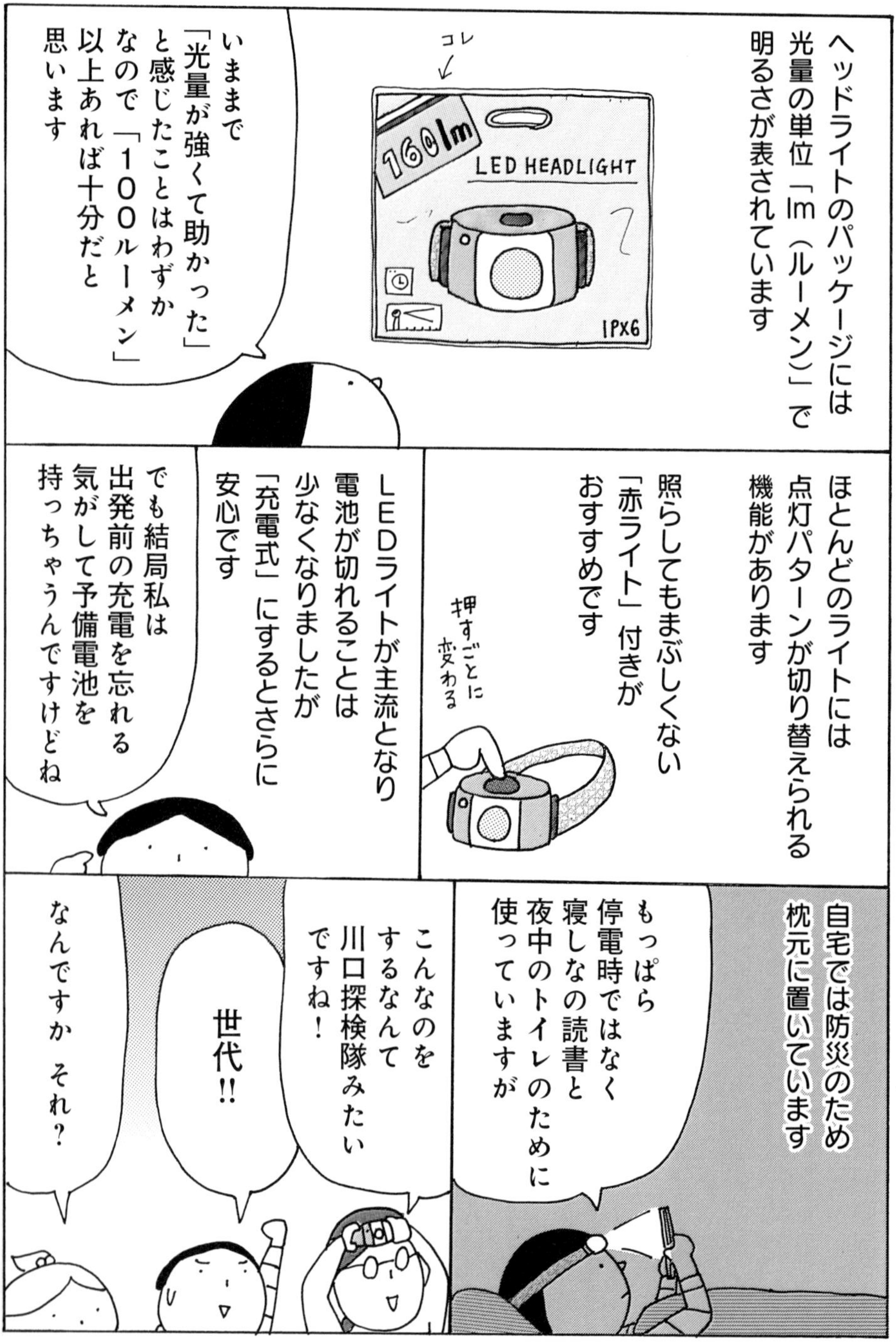
ヘッドライトのパッケージには
光量の単位「lm（ルーメン）」で
明るさが表されています
コレ
160lm
LED HEADLIGHT
IPX6
いままで
「光量が強くて助かった」
と感じたことはわずか
なので「100ルーメン」
以上あれば十分だと
思います
ほとんどのライトには
点灯パターンが切り替えられる
機能があります
照らしてもまぶしくない
「赤ライト」付きが
おすすめです
押すごとに変わる
LEDライトが主流となり
電池が切れることは
少なくなりましたが
「充電式」にするとさらに
安心です
でも結局私は
出発前の充電を忘れる
気がして予備電池を
持っちゃうんですけどね
自宅では防災のため
枕元に置いています
もっぱら
停電時ではなく
寝しなの読書と
夜中のトイレのために
使っていますが
こんなのを
するなんて
川口探検隊みたい
ですね！
世代!!
なんですか それ？

これもお守り的なアイテムですが ひとつ備えておいてください
なんだろうこれ?
トイレ
トイレ!?
山のなかには基本的にトイレがありません
登山口にある山は多いんですけどね
山のなかは電気も水道もないから
山小屋があれば山小屋のトイレを借りられますよ
山小屋があればね
今回行く山にはないのだ
「山小屋」って泊まれるところでしたっけ?
「山小屋」は山のなかにある宿泊施設の総称です
何百人と泊まれるところから
数十人しか泊まれないところまで
1泊2食付き・10,000円前後
旅館やホテルというより共用スペースとセルフサービスが多い合宿所あるいはゲストハウスの山版といえばいいでしょうか?
食堂で指定された時間に食事
いただきまーす
大部屋の相部屋 パーテーションによる半個室で 消灯時間に就寝

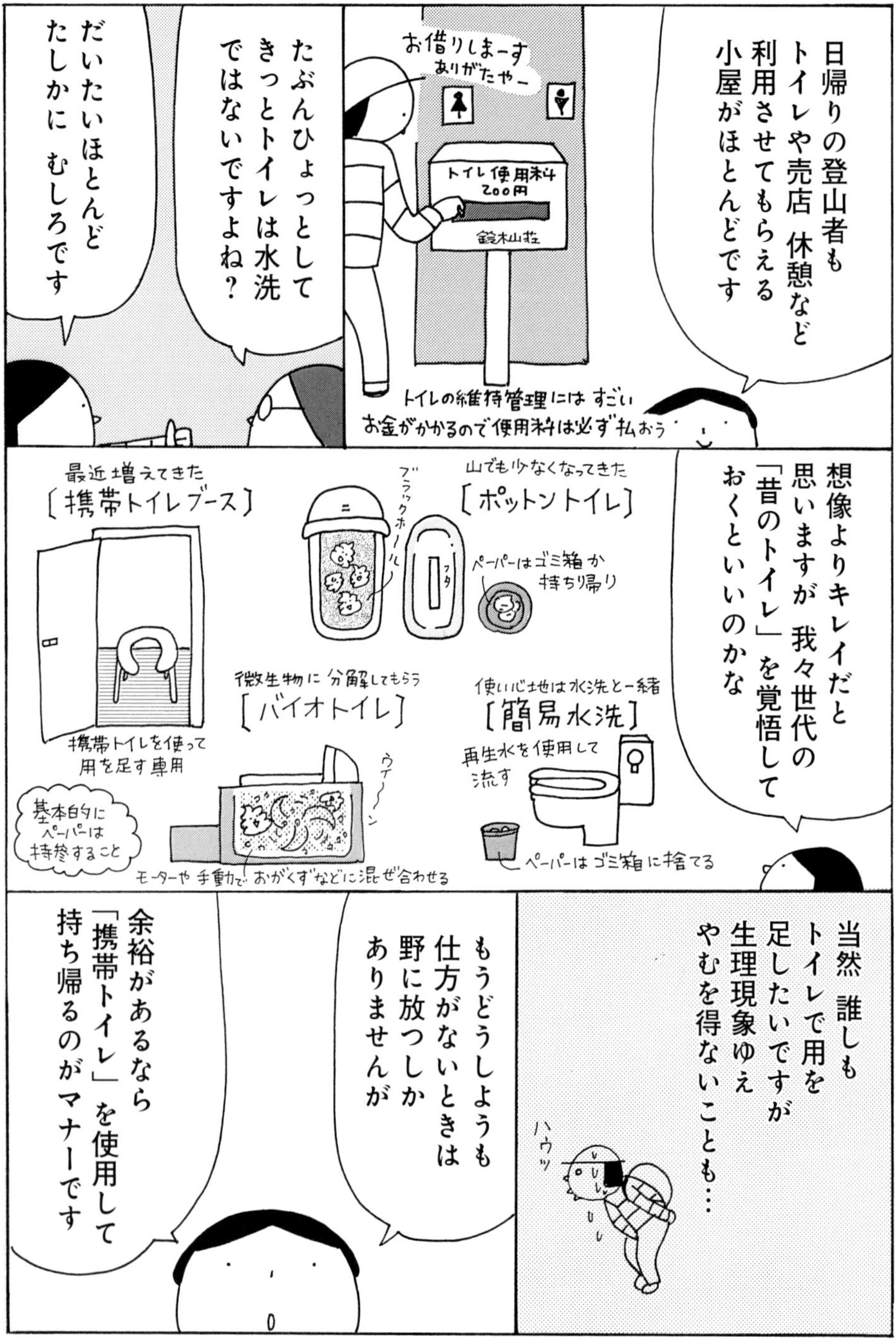
日帰りの登山者も
トイレや売店 休憩など
利用させてもらえる
小屋がほとんどです
お借りしまーす
ありがたやー
トイレ使用料
200円
鈴木山荘
トイレの維持管理には すごい
お金がかかるので使用料は必ず払おう
たぶんひょっとして
きっとトイレは水洗
ではないですよね？
だいたいほとんど
たしかに むしろです
想像よりキレイだと
思いますが 我々世代の
「昔のトイレ」を覚悟して
おくといいのかな
山でも少なくなってきた
［ポットントイレ］
ブラックホール
フタ
ペーパーはゴミ箱か
持ち帰り
最近増えてきた
［携帯トイレブース］
携帯トイレを使って
用を足す専用
使い心地は水洗と一緒
［簡易水洗］
再生水を使用して
流す
ペーパーはゴミ箱に捨てる
微生物に分解してもらう
［バイオトイレ］
ウイーン
モーターや手動で おがくずなどに混ぜ合わせる
基本的に
ペーパーは
持参すること
当然 誰しも
トイレで用を
足したいですが
生理現象ゆえ
やむを得ないことも…
ハウッ
もうどうしようも
仕方がないときは
野に放つしか
ありませんが
余裕があるなら
「携帯トイレ」を使用して
持ち帰るのがマナーです

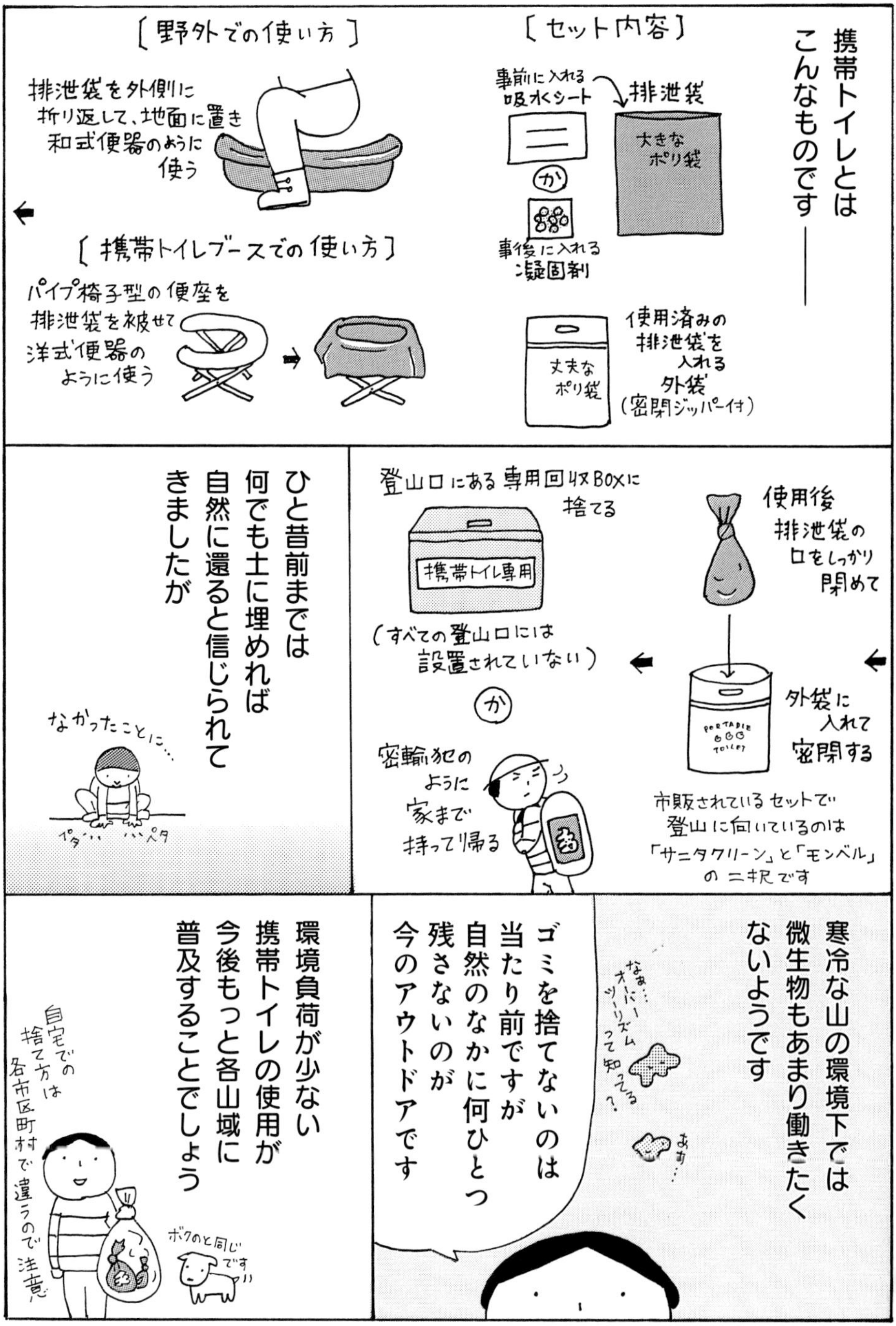

携帯トイレとはこんなものです――
［セット内容］
事前に入れる吸水シート
か
事後に入れる凝固剤
排泄袋
大きなポリ袋
使用済みの排泄袋を入れる外袋（密閉ジッパー付）
丈夫なポリ袋
［野外での使い方］
排泄袋を外側に折り返して、地面に置き和式便器のように使う
［携帯トイレブースでの使い方］
パイプ椅子型の便座を排泄袋を被せて洋式便器のように使う
使用後排泄袋の口をしっかり閉めて
外袋に入れて密閉する
PORTABLE TOILET
市販されているセットで登山に向いているのは「サニタクリーン」と「モンベル」の二択です
登山口にある専用回収BOXに捨てる
携帯トイレ専用
（すべての登山口には設置されていない）
か
密輸犯のように家まで持って帰る
ひと昔前までは何でも土に埋めれば自然に還ると信じられてきましたが
なかったことに…
パタ‥ ‥パタ
寒冷な山の環境下では微生物もあまり働きたくないようです
なぁ…オーバーツーリズムって知ってる？
ゴミを捨てないのは当たり前ですが自然のなかに何ひとつ残さないのが今のアウトドアです
環境負荷が少ない携帯トイレの使用が今後もっと各山域に普及することでしょう
自宅での捨て方は各市区町村で違うので注意
ボクのと同じです

トイレのことを聞いていたら心配になってきちゃいました
このごろ近いんです
年代に関係なくそれが登山をはじめるネックになっている話は以前からありますよねー
心配な人は はじめはコースタイムの短い山や途中にトイレがあるコースを選ぶといいんじゃないかな
それにホラ いまは優秀な吸水パッドや周りにバレないオムツなんかもあるから恥ずかしがらず取り入れてみるのもアリ
私はオムツ登山の経験がありますがオムツが優秀でびっくりしました
トイレがないことで水分補給をためらうとか逆に限界までガマンするのは健康を害するおそれがあります
青空トイレ 意外と慣れます
そうですね…
この歳になって羞恥心もミソもクソもないですよね
そうなのか？
そこのハードルをクリアできれば 登山だけでなく災害で断水になったときの不安やストレスが軽減できます
防災の一環としても山で携帯トイレ経験してみてください
トイレを制する者 避難生活を制する

あと あれって いりませんか?
ストック… もしくはトレッキング ポールですね
名称 いろいろ あって ややこしい
やっぱり あるとラク なんでしょうか?
もともと 膝が弱いとか ありますか
バレーボールを やっていたときに ちょっと
突かなきゃいけないって ことはないですが あれば脚への負担を 分散したり バランスを 崩したときの支えに なったりします
要するに 「杖」 です
個人的に 最初から 常に突いて歩くことに 賛成ではありません 必要なときに取り出すのが いいかなと思います
登山用のは 軽くて伸縮可能 使わないときはザックに 収納できます
2本セット売りと バラ売りが あります
使用時
収納時

使う場面や使い方次第では危険なことも
無意味に使うことで知らず知らず登山道を崩す・植物を傷つけることに…
ブラブラは危険
ブラ
ブラ
岩場やハシゴは収納して手を使うこと!
若くて元気なら筋肉を使おう
ストックに頼りすぎるのは事故のもと
ここが滑ったらおわり 頭からいっちゃうよ
編集さんは古傷があるからあったほうが安心か…
でも 今日は買いません これから2カ月山に登る体をつくっていくのでその様子をみましょう
うわー いちばん心配なパートだ
そ それで いったい私は明日から何をはじめたらいいんでしょう?
ドキドキ
編集さん……
はい…
今日からだから!

# 第4章
# 登山トレーニング

山に登る身体づくり
登山の店
ただいまーー
わっ すごい荷物！
そうなのよ 張り切っちゃったわ
みて みて これが ザックっていうの
登山の店
ちょっとちょっと これ高かったんじゃない？
べー
これまで あんたたちに かかった金額に 比べたら屁よ
ママ 本当に 山なんて登れるの？
わからない…

でもいいの
これから2ヵ月
がんばってみるわ
っていうか
さっそくさ…
登山
今日から
エスカレーター
禁止令が
発令されたのよ
こんなに荷物があるのにっ
ヒーコラ
ヒーコラ
いいですか
「走れ」とか「筋トレせよ」
とは言いません
ただ
エスカレーターを
使うのは
やめましょう
ジム通いとか
憧れるの
やめましょう
上りも下りも
です！
くわっ
だるっ
だるいより
怖いのよ
下りが意外と
足元が見えないって
いうか 高さもある
のかな
手すりを持たないと
下れなかったのよ
だからわからない
って言ったじゃん

あとは…気づいたときに手首足首とかを回して深呼吸しろって
いいですか家事や仕事の合間に2〜3回1セットでいいので習慣にしましょう
いままで動かしていなかったからだをほぐさないとケガしやすいですよ
それだけ？
それだけ
それだけ！
やる気があるときのオプションメニューはあるみたいだけどすぐにはやるな って
登山の友
ガチャ
ただいま
あら おかえりなさい
へ？川口探検隊？
そ

## ロード・オブ・ザ・マウンテン　mission 1

### 積極的に階段を使うべし（基本型）

ちょっとがんばって続けてみて

通勤で駅を利用する人は好都合ですが、そうでない場合は身近な階段（職場・マンション・百貨店・神社・歩道橋…）を探してできれば１日１上り下り（４階分相当）以上を目指してください。上限はありません

上り
つま先で上らない
×
トン
トン
○
ベタ
靴底のスタンプを押すようにベタッと階段面に置く
カカトがつくのを意識すること
こうすると
ももの前面に力が
かかるのを感じると思う
それで正解
上り
下り
急ぐ必要はなし
手すりを持とう
息切れしたら
休憩する
立ち止まれなければ
速度を落とす
下り
両膝を使って下る
ポン
ポン
先行の足をつくとき
両膝を同時にポンッと
曲げて膝のクッション性を
感じてみよう
上り
下り
無理はしない
今日はムリ
ウィーーン
そんな日もあります
毎日じゃなくても
続ければオッケー

## ロード・オブ・ザ・マウンテン　mission 2
### 体の可動域を広げよう

日常生活では、つい体もズルをして小さな動きで済ませようとします。それが長く続くと関節や筋肉は硬くなりその程度にしか動かないように…。ゆっくり大きく動かして「君はこんなに動くんだよ」と思い出させてあげてください。

あたたたた…

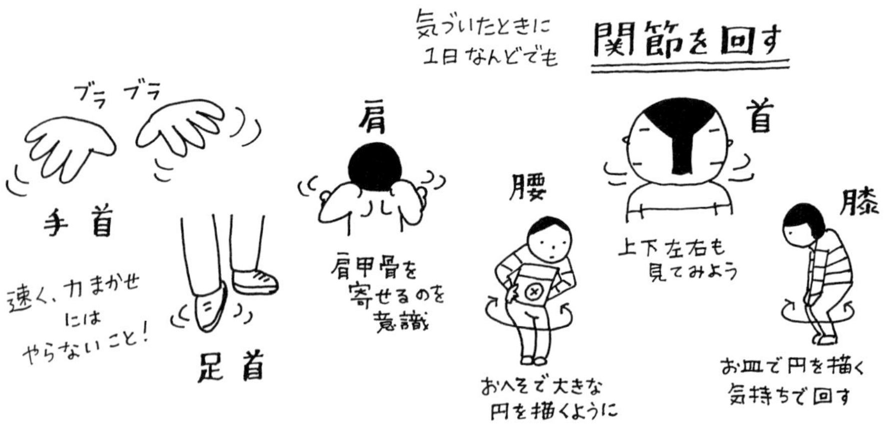
気づいたときに
1日なんどでも
関節を回す
ブラ ブラ
手首
速く、力まかせにはやらないこと!
足首
肩
肩甲骨を寄せるのを意識
腰
おへそで大きな円を描くように
首
上下左右も見てみよう
膝
お皿で円を描く気持ちで回す

気づいたときに
1セット3回
1日なんどでも
深呼吸
胸とお腹がふくらむのを意識
スススス
ススススス
胸を張ってゆっくり日本中の空気を鼻から吸う
肺の周りの筋肉が弱くなっているとたくさん空気が吸えませんがんばって!
このほかにもラジオ体操とかテレビ体操とか気が向いたときに本気でやってみて
シュッ
ブ
ハー
鼻と口から一息に全部吐く
同時に体の力を抜く

# ロード・オブ・ザ・マウンテン mission 3

## 積極的に階段を使うべし（応用型）

地味だけど体が変わってくるよ〜

基本型をしばらく続けていって「あれ？息切れしなくなったかも？」「前よりラクになった」と感じたら、応用型を組み合わせてみましょう。毎回どれかを選んで意識的に行うと効果がアップしますよ。

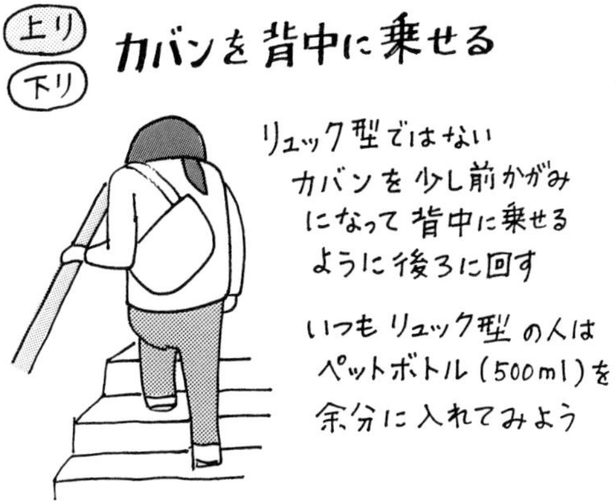
上り
下り
カバンを背中に乗せる
リュック型ではないカバンを少し前かがみになって背中に乗せるように後ろに回す
いつもリュック型の人はペットボトル（500ml）を余分に入れてみよう

上り
腰に両手をそえる
手は腰を下に押しつけ腰は置いている
手を上に押し上げていくイメージで
目線は前方
手すりはすぐつかめるように

下り
つま先立ちで下る
慣れるまで手すりをつかもう
上から下までカカトをつけずにいってみよう
地味〜にふくらはぎにきくのだ〜
おお〜

上り
おしりともも裏に全集中
はじめはどこを使えばいいかわからなくても「お！ここだ！」となる時がくるよ
ももの前面を使わずにおしりともも裏の筋肉だけで体を持ち上げる意識
ぐっ

靴 試し履きしたほうがいいんじゃないか?
うん もう少しあとでいいんだって
階段の上り下りをマスターしたらって言っていた
え その人って ミスター ミヤギ?
ベストキッ…
ミス スズキだけど もしかしたら弟子かもね
何事も基礎 トレーニングが結局近道だからな
出たな ミスター ダンナ
がんばれよ
ママが山に行ったら3人でロイヤルホスト行こうな~
ムリ
部活!
ぐぅ…
ワハハハハ
パパ ワンパターンなんだよ~
そうなの~?
ワハハ

登山装備に慣れよう
登山日まで半分を切りましたが 調子はどうですか?
エスカレーター乗ってませんか?
はい 順調だと思います
たまに乗ってます
うまくは言えないんですけど体の使い方がわかってきたというか
これか
!!?
昨日は取材先で「姿勢がいいですね」なんて言われちゃったりして!
!?
なにかされているんですか?
いいですね~
はい~
じゃあ 次のミッション次の休日に登山靴で1時間ぐらい歩いてみましょうか
登山用の靴下も忘れずに
いつも歩くようにカカトを上げ下げしちゃうと靴ズレするかもしれないので階段ミッションのようにベタベタと歩いてください

## ロード・オブ・ザ・マウンテン　mission 4
### 登山装備に慣れよう

地味なミッションを続けてもらっているうちに少しずつ脚の筋肉や体幹を意識できるようになってくると思います。階段ミッションが、ラクにこなせるようになったら、登山靴を履いて歩く経験を済ませましょう。

### 階段の一段抜かし

ヨッ


体全部への
負荷が強まるので
無理はしない

これはもう
筋トレ!!

勢いをつけず
じんわり、ゆっくり
体を押し上げていく
感覚をつかもう

### 登山靴で歩く

かたいな
ベタベタ


リュック型の
カバンに
すると
尚ヨシ

登山当日までに
何度か40分以上
続けて歩く日を
つくるのが理想、

階段・坂道も歩いてみよう〜

**靴のなかで（痛い）などの**
**不具合があったときに**
**試してほしいこと**

- 靴紐を一旦ぜんぶ緩めて
  イチから締め直す
- カカトのほうにトントントンと
  足を寄せてから靴紐を締める
- 上まで締めない
- 靴下を変える
- 購入店に持って行って相談

### ザックで買い出し

あ、いえ、山登りじゃなくて
ちょっとスーパーまで…


食材の買い出しに
ザックを使ってみて

正しく背負えていれば
見た目の量から
想像するより軽く感じる
ハズ!!

登山靴を履いていくと尚ヨシ

それからストックとか追加で揃えたいものありませんか？
ミッドイレヤーとか…
いろいろ考えましたがとりあえず今持っているもので行ってみます
ユニクロのフリースで試してみます
一度使っただけになってしまうのもアレだし
わかりましたストックは必要なら私のを使ってください
ありがとうございます
カタチから入るのは大いにアリですが 自分に必要だとわかってから買うと大事にもするし 無駄になりません
ミス・スズキ好きな映画は？
『ベスト・キッド』ですけどなにか？
ミススズキ？
あのさ
はい？
買い出しの温度差大きくない？
ですか

歩いていくのはいいけど どの道順で行く？ ナビる？
ナビらないまかせて！
2㎞だって28分だってうぇ〜
位置情報《GPS》消して
キリッ
登山でも便利なGPSですが そもそもの「地図」に慣れておくのも大事です
過半数の登山道は登山用の地図アプリでないと表示されません
山名は出る
中年山
古いカーナビで新しい道を通ってるみたいな表示
アプリを使うにしてもスマホの電池切れで突然見られなくなる可能性もありますしね
登山当日はガイドブックについていた登山地図を使って歩きますから街で少し練習しておいてください
フム
フム
歩き出す前に目的地までの道順とかかる時間を調べて到着までをイメージするように
① 地図アプリの地図上で「目的地」をタップ
② 経路 をタップし画面が下のように変わったら「出発地」を指定する
出発地を選択
〇〇ビル（目的地）
③ 徒歩マークを選択するのを忘れずに！

というわけで今日は経路検索した地図をスクショしました
14:20
自宅
スーパースゴイ
28分
23分
国道に出て いつものガソリンスタンドを こういって ずっといって そのへんを斜めにいったら 着きます！
大丈夫かなぁ…
え…っと～
今 私は どっちを向いています？
さあ…？
GPSナビに慣れ過ぎると景色からのヒントに注意して歩けなくなってしまうんです
周囲の景色と地図を照らし合わせてもわからなくなったときだけGPSをオンにして現在地を確認してください
早いね？

カックン
カックン
ねえ 歩くの 速くない!?
カックン
カックン
自分がいつもより 遅いからでしょ
歩幅小さくしてみたら? その靴だと歩き方が 不自然に見えるけど
靴を持ち上げ過ぎ?
またそんな 知ったような ことを!
ミス スズキは ベタベタ 歩けって!!
ベタ ベタ
サッ サッ
ほんまや
おろしたてはとくに 大股で歩くと 余計な脚力を使って 疲れてしまいますよ
旦那さんいい ところに気付きま したね
ほれほれ 置いていくぞ
ミス スズキ…

山のなかには平らな場所がほとんどなく靴は常に不安定
歩幅を狭くして重心をなるべくコンパクトにまとめて体を運んだほうがバランスを崩しにくいです
大股の場合
ワッ
ズッ
小股の場合
おっと!
ズッ
もし足が滑ったときも小股のほうがダメージが小さく済みます
そっかぁ なるほどね
それはそれでぜんまい仕掛けの人形みたい
ちまちま…
山に登る前から奥が深いわぁ
もしかしたら毎日のことも登山なのかも…
したこともないのに 奥が深いねー
山頂だ——
スーパーだよ
FRESH & DAILY
Super Sugoi
いらっしゃいませ
8:30 ~ 20:00

買い過ぎたか
帰りも歩くんだっけ?
重いものは私にまかせて
Sugoi
Sugoi
牛乳
登山用のザックですから!
重いものを入れるためのバッグなのよ
高かったんだから!
あ あれ!?
これってどことくっついてたんだっけ?
これ?
これか?
これがここで…
時限爆弾解いてる?
さてははじめて開けたでしょ?
でもみて〜
て〜れ〜
ぽくなーい?
かっこよ!
なんか来たときよりヒモが増えたような気がするんだが…
帰ってから研究するわ

不思議！荷物が入ったほうが歩きやすいような
おっ
下りはちょっと後ろから押されてるような
ゆっくり…
でも疲れてきたような…
山登りなんて2～3時間は歩くんでしょ？ それで疲れてたらマズくない？
本当だね
明日から少しウォーキングでもしてみようかな
階段もサボらずに
あれ？言い返されるかと思った
そんなことない！とか…
ウォーキング付き合う？
考えておく
あっそう
お腹減ったなー
ね～帰ったらすぐビールね

登山直前の支度
いよいよ来週ですね
はい〜だんだん緊張してきました…
週間天気予報ではわるくなさそうなので決行ということでいいですかね？
いいもなにもお天気の判断なんてできないのでよろしくお願いします
前の晩になって完全な傘マークになってしまったら延期しましょうね
初心者さんのための
天気予報カンタン判断目安
○＝とりあえず決行
△＝注意
×＝延期
予報士さんのこんなワードを聞きのがすな
マーク→○
マーク→○
マーク→×
マーク→×
台風・暴風域→×
山沿いは荒れる→×
一日中雨→×
にわか雨→○
西から崩れる→×〜△
西から回復→△〜○
前線が近づく→△
高気圧に覆われる→○
大気の状態が不安定→△

それから最初に書いてもらった「計画メモ」あれを清書してもらいます
そのときアクセスと出発時刻をもう一度確認してね
それが「登山届」になります
「登山届」?
「登山届」登る山のある所轄の警察署に提出する「登山計画書」「入山届」のこと
これを出しておくと遭難したときの捜索の助けになります
任意ではあるけれど出すに越したことはないですよ
新潟県・長野県・富山県群馬県・岐阜県・山梨県の一部の山は義務化しています
所轄の警察署まで行かないといけないんですか?
そんな時間あるかしら…
ガイドブックに載っているようなメジャーな山なら登山口に提出できるポストがあります
ポスト型
持参した登山届を入れるだけ
登山届ポスト
最寄警察署
熊出没
NG
記入台付き
備えつけの登山届に記入することもある

でも 行ってみたら無い
こともあって せっかく
書いたのに出せずに
一緒に登山しちゃう
こともけっこうある
んですよねぇ
登山口
なにかあっても見つけてもらえないかも…
そうすると
もう書かなくても
同じだ! って
なっちゃうんですけど
ちぇっ
朗報です
インターネットで
提出できる時代に
なりましたっ
ソリューション
IT社会
所轄都道府県の
警察署HP
または
連携している登山アプリ
Compass
YAMAPなど
(要会員登録)
とはいえ、山のことを
知らないと かえって記入に
時間がかかってしまうかも
しれないので
はじめのうちは
紙の登山届を持参して
提出したほうが
いいと思います
はじめは メジャーな 山を登る だろうし
もし提出しないのであれば
誰かに 必ず 絶対に
計画を伝えて
ください
明日、○○から △△山に登り 15時ごろ □□に下山 予定
って何のこと?
ん、姉からのライン…

■必須項目
・本名（フルネーム）
・携帯電話番号
・緊急連絡先（氏名・続柄・電話番号）
・入山日　入山時刻　登山口名
・目的地（△△山・△△小屋など）
・経由地（△峠・△分岐など
コースがわかるように2～4ヵ所）
・下山日　下山予定時刻　下山口名

書式に決まりはありませんが最低限このポイントは記入してください


基本の 登山計画書例（日帰り登山用）

登山者（代表者） 氏名 鈴木みき（51） 年令 生年月日があるとより◎

住所 東京都文京区1-0-101

携帯電話番号 090-1234-5678

緊急連絡先：鈴木ハハ（母）03-8888-8888
佐藤たかこ（友人）090-9999-9999

家族に限らず、話が早い人を書くのがベター

同行者2名：助手君（39）090-6666-7777
編集陽子（54）090-3333-4444

できれば各同行者の緊急連絡先も！

登山計画 5月26日（日） 登山日

中尾山登山口（10:30）→A分岐→中尾神社→
中尾山山頂（12:00）→中尾神社→A分岐→
中尾山登山口（13:45）

コースと到着予定時刻

どこのコースを歩くか分からないと捜索しにくいため、必ず登山口名、下山する登山口名のほか経由地もいくつか書いておこう

★余力があれば装備品（食料や野宿できる用意）の有無や登山口までの大まかなアクセスを書いておくと捜索の幅が広がるし、自分の確認にもなる

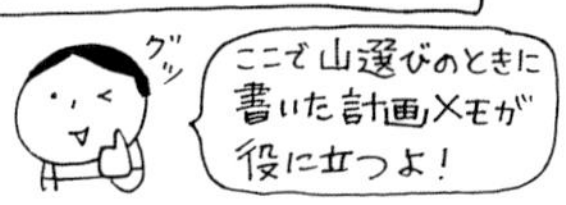

グッ
ここで山選びのときに書いた計画メモが役に立つよ！

グループで1枚提出すれば いいですが 書かない人はつい おんぶに抱っこの登山に なってしまいがちなので 書けたら 助手くんにも 送ってもらって いいですか？
写メで いいです よ
♪
今日 どこの山に 行くんでしたっけ〜
え？
編集さんとの登山って 今週末だっけ？ そろそろ荷造り…
ハッグシュン
慣れると 直前の荷造りも スムーズにできますが 編集さんはそろそろ してみてください
実際に荷造りすると 足りないものや わからない ことがでてくるものです
あれ？ 温かい お茶って なにに入れて 持っていこう？
直前まで入れられない ものもあるのでメモして おくとよいでしょう
まだ 入っていないもの
・水筒
・~~でんち~~
・おやつ
何を入れたか 入れないか忘れて 当日の朝まで何度 出したり入れたり することか…
忘れ物の不安は ずっと続くので ご安心を
アナタ だけじゃ ないよ

あとは前日までに好きなおやつを用意しておいてくださいね
おにぎりもパンもおやつです
チョコレートもスナック菓子も羊かんもおやつです
ポテチ
バナナはドライのほうが持ち運びに便利です
おやつは「行動食」といって登山中に小腹が減ったらいつでも食べます
歩きながら食べることもあります
お腹が減る前に食べる！
量はどのくらい必要ですか？
好きなだけどうぞ
昼食は なにか元気になれるものにすると登る気がアップします
私は おにぎり派
お弁当も たのしい
おはし忘れずに！
カップラーメン
お湯があればカップラーメンも♡
手作り派やコンビニ派 現地で調理する人もいるんですよ それ用の調理器具もそのうち揃えるといいかも
軽い鍋の種類多数あります
コンパクトガスコンロセット
みんなDE鍋
大人数用のもあります
山でお料理楽しそうです～
熱々で食べられますよ～

いやぁ それにしても 2ヵ月間よくがんばりましたね！
最初はつらかった階段も だんだん躊躇《ちゅうちょ》せず いけるようになりました
これが山で生きるかはわからないですけど
もう以前の編集さんとは違いますよ
自分で変わったと思いませんか？
ハァハァ
そうですね 変わりましたね
みきさん 本当にお世話になりました
ありがとうございました
山 行きますよね？
いいえ、どうい…

残りの日々はとにかくよく食べてよく眠る！
体調管理それに尽きる！
急に運動量を増やしたりメニューを追加したりしないでくださいね
余計なことはしない
はい…
努力した自分を信じて
山って
どんなところかなぁ…
みんなで見に行きましょう
ですね！
がんばります
編集さんから計画書だ～
あっ⁉ 来週だったか
あっぶな～ たすかった～
登山の店

# Column 3　私がおばさんになったら山でよかったこと

## 知らない人に図々しく話しかけられるようになった

すみませんが…
いまここってどこですか？

若い頃は「こんなこと聞いたら怒られちゃうかな？」「初心者みたいで恥ずかしい？」という自尊心が高くて他の登山者に助けを求められなかったけど、いまは「わからないことは聞いちゃお！」というマインドを手に入れて気がラクになった。

## ベテラン登山者に山自慢されなくなった

自分より経験が少なそうな人をターゲットにやたらと話しかけてくる人生の先輩につかまらなくなった。いや…ただ先輩が少なくなってきただけのことかもしれない。

ボクは
あの山も
この山もね
えっへん!!
ハァ…

## ナンパまがいのことが皆無になりナンパするほうに

学生さん？
アメちゃん
どうぞ♡
さっきも会ったね
今日はどこまで？

自分が産める年代の子が山にいるとなぜか嬉しくなり心配もありお節介をやきたくなる。それが余計なお世話なのが経験済みなのにこちら側になると意外と楽しい。

またこのおばさん…

## みっともないこともみんなの想定内

ズルズル
まあ…いいか
カサカサ
ゲッソリ

誰も見てやしないと思ってはいても多少は見た目を気にしていたあの頃…それが本当に見られなくなり、あわい期待の対象外となったことでだいぶヤバイことになっていても普通に既視スルーしてもらえる。

## 生理の心配が少なくなった

ぶつかっちゃうな…
山の予定と

生理中の登山は色々と面倒なもの。来るか来ないか、途中で来たら…気にしながら登山日をむかえる不安から解放されるなら閉経もわるくない。

# 第5章
# いざ山へ!

登山に行く
ヤッホーーーーー！
ヤッホー

編集さんってあんなタイプだったんですね～
眩《まぶ》しいねぇ
クルッ
すごいですね!
すごい眺め!
クル
クルッ
登れましたね!
お湯沸かしたんでよかったらコーヒーどうですか?
ドリップパックですが～
わわっ
OUTDOOR POWER
GAS

助手さん
こんなこと
していただいて…
危ないですよ
私もはじめ
みきさんとかにして
もらったんですよ
トポトポ
最初
だけね
山だと
いろいろ格別に
なるんですよ
トポ
トポ
はいどうぞ
初登頂
おめでとうございます
うれしい
よかった
おいしいぃぃ〜

歩くペースもよくなにも問題なかったですね
そうですかすごくゆっくり歩いてくださったからついていけたんだと思います
あのくらいが山では普通です
街を歩く速さで歩いてしまうと速すぎるかな
息が上がって立ち止まってたくなるようなら 過度なペースといえます
おっ、カメさん元気だね!
あれウサギさん
とっくにいないかと思っていましたよー
自分のポテンシャル以上の運動を続けるとすぐにバテてしまい危険です
登山では「あえて」速度を落として体力温存に努めます
実は、私はウサギではないんだ
パカッ
えっ!?
カメなのについ急いでしまって疲れちゃったんだよ…
しくしく
わかりますよ息切らしてるほうが
かっこいいですものね

自分が遅いことを気にする登山者が多いのですが登山は競走ではないので気にしないでください
私はけっこうです
どうぞ
ずっと保てる速度がマイペースです
とくに初心者同士だと歩いているうちにペースが上がってしまうから注意
ついていくの遅いって思われているかな?
ハアつつ
ペースが遅いって思ってるかな?
ハアつつ
1時間に一度10分程度の短い休憩を入れると疲れにくいといわれています
ハイ、休憩終了!
だから時間を気にかけていたんですね
きっちりで計らなくてもいいですが 水分補給のためにも目安にしてもらえたら
立ち止まると景色にゆっくり目を向けられますし
目安といえば計画より早く着いたからいま時間に余裕があるけど どうする?
このペースだと下りも計画から巻いちゃいそうですね
わーそれは私の計画ミスですね!

ミスではないですよ これは予定ですから
編集さんはこの誤差を 次の山を 計画するときの 基準にできます
コースタイムに つける ハンデの
一本早いバスに乗って 温泉に長く入るとか?
それで早く呑みはじめ ちゃうとか?
あの もし 時間に 余裕があるなら!
もう少し 山頂にいて いいですか
もう少し この景色を 見ていたいです
穴があったら入りたいね 助手くん…
…はい
また 来れるかなぁ…
来れるように がんばりましょ
私もまた 山ガールになっちゃ おうかしら

そういえば山ガールさんも多いですけど 年齢層がかなり厚いですね
登山はとくにそうかもですね 生涯スポーツなんて言われますし
自然のなかで体を動かしてとても健康的ですよね！
自分より年上の人が楽しそうにしているとうらやましいなって
私もあんなふうに続けていられたらって思いますよ
私から見たらみきさんもそう思いますよ？
そ そうか すでに
山に来ると年齢だけではなく 職業や立場も、ときには性別も関係なく
「個人」として扱ってもらえる感覚があるんです
それがけっこうラクですよね、山のつき合いって
個人か…

あ　息子からだ
さっき家族のグループラインに写真を送った…
なんです
って?
いいな～
へんなスタンプでした
高校生じゃお年頃ですものね
ですかね
軽く反抗期みたい
返してくれるだけいいですよ
私は更年期だし
私が知ったようなこと言えないですけど
子供ってお母さんが楽しそうにしてたら　それでいいんだと思います
私の周りの好き勝手しているお母さんたちの子はみんなしっかりしてますもん
それは反面教師ってやつでは?
たしかに思っていたよりあっさり送り出してくれたんですよ
大人の対応というか…
それがちょっと淋しかったり…
かぞく(4)
登れました!

自立とか自由とかって前向きな言葉ですけどその手前には必ず「さみしさ」があると思います
息子さんも編集さんもそれを越えるための練習中ですね
私の彼氏募集中も練習中でしょうか
はて どうかな
長く登山者を見てきて思うんですけど 山に来る人ってずっと練習中 なんですよ
他人から見たら十分でも本人的にはもっと自立したい 自由になりたいって秘めている人が多い気がします
ただただ元気な人なんていないですしねー
いろいろありますよねー
ですよね
そうですよ

アフター登山
バス
すその温泉
あちっ
そお〜
すその温泉
すその温泉
あ〜
どひゃ〜
ドブン

しみますねー
しみますぅ
しみるっ
すその温泉
なになに下山後の余韻を味わっているのに
黙ってたんですが少しだけ靴ズレしちゃったみたいで
おぅ…
ブランクなめてました〜
すその温泉
久々だったから靴をテキトーに履いたかもしかしたら靴下がもうやせてきてるのかも
一度ぜんぶ靴紐ほどいて締め直すか、靴下買い替えるといいかもよ
助手さんくらい山登りしていてもそんなことあるんですね
いや お恥ずかしい
靴下買います…

あーあ あの頃けっこう ちゃんと登山やって たのに 体が鈍っちゃった 感じ…
ああ… いた きもちぃ…
そうだね 3カ月もあけば 元通り
そんなもん ですか!?
編集さんには今回 いろいろトレーニングして もらいましたけど 結局のところ山の感覚って 山でしか 養われないんですよ
でもその トレーニングをしてて 本当に助かりましたよ してなかったらもっと 大変だったろうなって
もちろん その成果があって上手く 山の歩き方ができてました 助手くんのほうが ないがしろになってたね?
そう その結果の 靴ズレですから
歩き方 忘れていま した
編集さんは 意識していたから できたんです

登りは
ベタベタだったな
ペタ
ペタ
ぎくしゃくした！
あ 小股だ
小股
あ・あ・
下り怖いけど
階段と同じ
ことだ！
ひざくっしょん
ひざくっしょん
ミス
スズキ～♡
私があまり運動が
できないタイプなので
意識と知識で地道に
カバーするしかなかった
んです
私はスポーツを
していたから体は
動かせるんですけど
ちょっと力まかせな
部分があるのかなぁ
それで通用する人は
それでもいいと思う
でもやっぱり歳を取ったら
違和感を力でごまかせなく
なってくる気がするな
登山は小さな
一歩一歩の積み重ね
小さなズレが結果的に
大きなズレに
なるんだから

たしかに靴ズレみたいなものですね…
あれしてる?
してるかも?
してた
未然が大事なのよ病気だって早期発見が大事じゃない未然に意識があればちょっとした変化に気づけるってコト
例えが中年
高齢になっても登っている人はやっぱり定期的に山に行っているよ
私も自分に課してでも行かないと登れなくなっちゃうんじゃないかって不安に思うよ
そんなストイックな世界なんですね…私に続けられるかな
いやいやいや怖がらせようとしたわけじゃないんです
編集さんはこれからこれから!
やっぱり山が好きだから
まだずっと登れるといいなぁって

だからもし編集さんが今回で好きになってくれていたら3ヵ月に1回 半年に1回でもいいので登山に行ってもらえたらなと思うんですが…
いろいろとありますしね…
はい せっかくだから続けたいと思ってますけど 実際はどうなるか
よく登山する人が「山は逃げない」なんていうんですが 今回数年ぶりだったから本当に「逃げない」んだとわかりましたよ
だから編集さんもまた行きたくなったときに行けばよいかと
君もそのうち知るだろう
助手くん我々世代になると「逃げる」のよ体力と時間が
山は逃げないけど！
でも 今回で一通りのことがわかったから 2回目のハードルはうんと低いです私さえ行く気になれば行けるんだと気づいただけでももうけものです
登山に限らず家族や職場に遠慮せずこれからはもっと自分のできることを探してもいいのかもしれません

助手さん
次回 もし靴下を
買いに行くことが
あったら
誘ってもらえますか?
もちろん
いいですよ!
私 助手さんの
持っていたアレ
欲しくなっちゃって
お湯を沸かすセット
あとはストックも
やっぱり
下りでお借りして
心強かったから
ラク!!
あとウエアも
欲しくなってきたし
あれ? さっきは
もう山には行かない
気かと!
よいことです
なににつけ
自発的な欲求が
あるっていうのは
いいことです
欲がある人は
若々しいですもん
グッ
若々しい…
若返っちゃう
かも~!!
編集さん!!
バタ足は!!

ありがとうございました
また!
ただいまー
チャ
お かえってきたー
おかえりー
ママ トザン どうだった?
楽しかった
フフフ
ヤバッ
部活どうだった?
ボチボチ
ただいま
おかえり

これお土産
山の近くの温泉のおまんじゅう地元の名物なんだって
それから　これ湧き水!
これでコーヒー淹《い》れると美味しいんだって
それから…
えっと えっと
とりあえず一旦落ち着いてみる?
楽しかったんだ?
楽しかった
あ!　ごはんは?
初ウーバーした
またウーバーしたいからママいつでもトザンしてきていいよ
そうなの?

ただいま！
おかえり
ママ 写真みして
ハイハイ
これにて私の初登山完了！
「いい日」になりました
これが登山道
マジ 土じゃん
おー こもれびー

# 終章
# おわりに

おわりに
進む高齢化　延びる寿命　孤独死　熟年離婚　老後二千万円問題　介護者不足…
毎日　テレビや週刊誌では　中年の不安を煽《あお》る　ワードが飛び交っています
まー　私には　どうすることも　できないな
と、私は半ば無責任に　あきらめモードなのですが
それでも昔より　いい時代になったと　感じています
私らしく　生きていこう
そのうち　どーにか　なるかもしれ　ないし
現在中年期の　我々の価値観は　昭和と令和が拮抗《きっこう》していて　これからの生き方に　迷いが生じている人が多い　のではないでしょうか
自分らしくと　言われても…
人と同じでも　いいんだけどなぁ
本当の豊かさって　なにかしら

登山をしていると
「ほぼ素《す》」の自分と
出会うことがあります
「本性」とも
いえるか
そうそう 私って
ちいさいときから
こんなだったわー
やだー
大好き
嗚呼!
素直に
本音がもれでたり
一生
許さねぇ
ケッ
心のままに
本音がもれでたり?
いまに
みとけよ
ぐすっ
……まぁ
良くも悪くも
自分の本音が自然に
あぶり出されてしまいます
山には そんな
すべての本音を吸収し
消し去ってしまう機能が
あるのか
下山すると
夢から覚めたような
よく眠った満足感のような
身体の軽さを感じます

「命の洗濯」とは
よく言ったもので
いつもはどこにあるのかも
忘れているハートを
まさしく水洗いしたかのよう
パン
パン
すすぎ水真っ黒だったわー
よかったきれいになって
下山後のこれが多分
私のピュアなハート
これ
さすがに落ちない汚れもあるわー
乾けば吸収力アップ
使えば当然汚れる
山楽しかったな〜
たたみながら余韻に浸っちゃうよね〜
そしてそのうちに
また仕舞い込んじゃう
だから
定期的に山に
行って洗濯したく
なっちゃう
何度も使っては洗ってを
繰り返していると
ジーンズみたいに馴染んできて
フッ
似合ってきたか
みきさんのハート
みきさんのハートって感じ
そう？
自他ともに認める
「らしさ」になっていく
ような気がします

私はいい時代になったと言ったのは　その「らしさ」で生きてもいい風潮になってきたからです
パンタロン
スキニー
ビンテージ
ダメージ
「らしさ」を見つけるのは人によっては　とても難しいことかもしれません
「らしさ」がないのが「らしさ」とも言えるね
「らしさ」を見つけて何が得かといわれたらわかりません
でも「らしさ」を認めると「強さ」が増します
とくに困難や悩みに対峙するとき
「らしさ」が解決の糸口になってくれます
らしさ
やったことがないことをはじめることは無理やり「らしさ」を感じるのに最適です
あたらしいトビラ
トビラ
しいビラ
トントン
らしさってなに?
できない!
上手くいかない!
これがハートの在りかを見つける鍵です

「できない」ことに
どう対処していくのか
それがてっとり早く「らしさ」に直結していると思います
できるまでやる
棚に置く
すぐやめる
他人のせいにする
できないことを楽しむ
フリーズする
他人に頼む
自分を責める
登山は経験者であっても「できる」かは毎回わかりません
天気が急変するかも
体調がわるくなるかも
道に迷うかも
電車が止まるかも
―だから度々「らしさ」と向き合うことになります
運休
山での「命の洗濯」は「登頂」や「達成感」だけでされるのではなくいやでも自分自身と向き合う時間があるからなのでは
そんなふうに私は思うの
「いやでも」ってのがポイント
向き合うのって正直つらいから避けたいよね

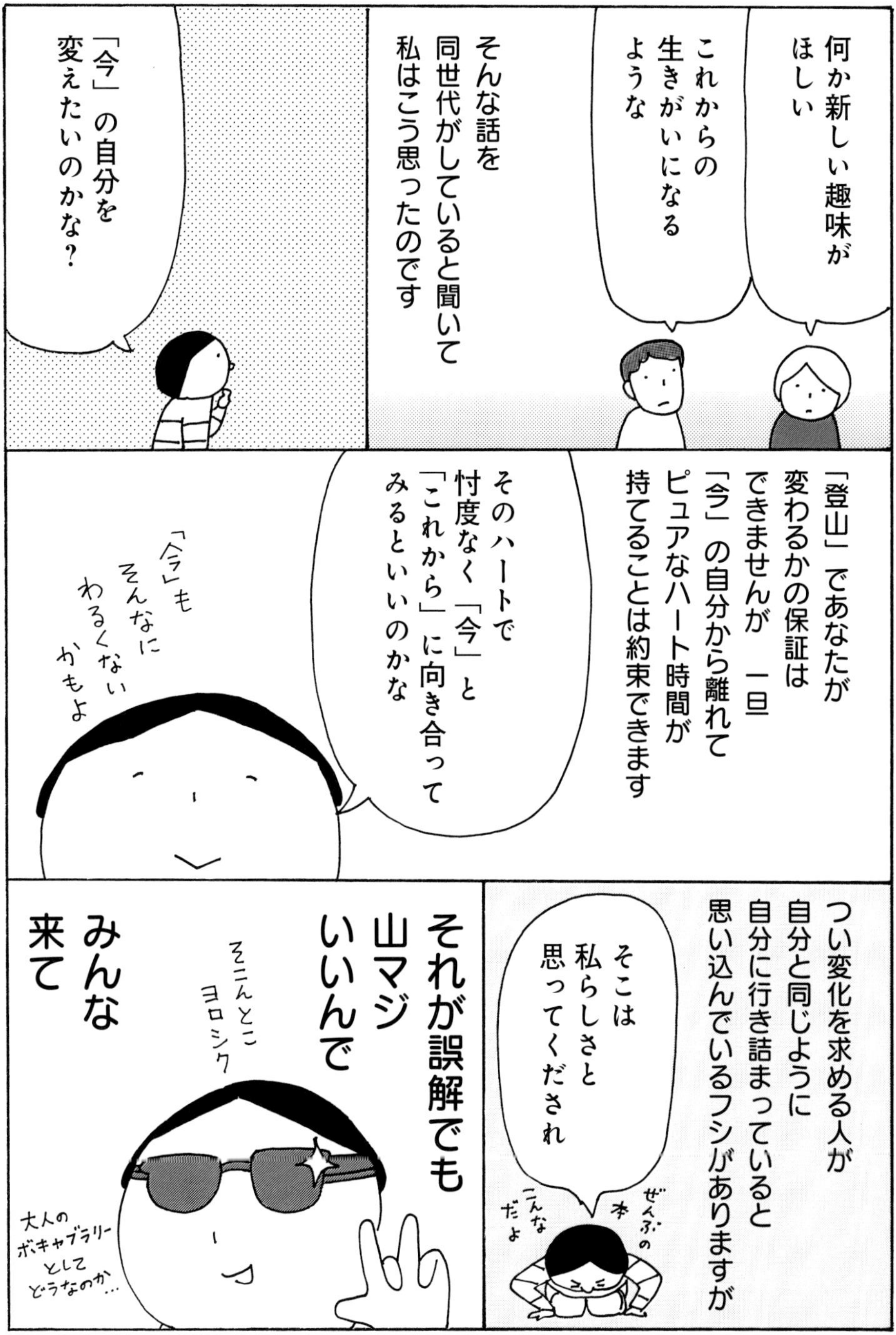
何か新しい趣味がほしい
これからの生きがいになるような
そんな話を同世代がしていると聞いて私はこう思ったのです
「今」の自分を変えたいのかな?
「登山」であなたが変わるかの保証はできませんが　一旦「今」の自分から離れてピュアなハート時間が持てることは約束できます
そのハートで忖度なく「今」と「これから」に向き合ってみるといいのかな
「今」もそんなにわるくないかもよ
つい変化を求める人が自分と同じように自分に行き詰まっていると思い込んでいるフシがありますが
そこは私らしさと思ってくだされ
ぜんぶの本こんなだよ
それが誤解でも山マジいいんで
みんな来て
そこんとこヨロシク
大人のボキャブラリーとしてどうなのか…

今回この本でご案内したのは「登山デビュー」までのプロセスでした
定期的に運動している人
体を動かすお仕事の人
うっかり若者
重点を置いたのは「トレーニング」でしたが読んでくださっている方のなかには　必要がない方もいるかもしれません
それでもやっぱり山道を登山靴で歩く感触は特別なので一通りのトレーニングは一度試してもらえたらと思っています
スポーツできる人は理解が早そう!
おけ
なるほど!
スポーツができる人は逆に「ゆっくり歩く」が苦手なようです
ここでコケたら大惨事という想像力だけは忘れないようにしてくださいね
類は友を呼ぶだけかもしれませんが 私の周りで登山をしている人は　ほぼ文化系といわれる種族です
だから体力に自信がない方も勇気をもって一歩を踏み出してほしい
この本《タイトル》を手にとってくださった時点で秘めている気持ちがあるはずだから
じー
あらやだ私のこと?

私も含めて
何かをはじめるにあたって
時間の工面が一番の
難関だと思いますが
旅行もそうだよね
7 JULY
この本の作戦のように
遠すぎず近すぎない
決行日をスケジュールに
とりあえず入れてしまう
これが大事だと思います
8
15
2
おりゃ！
準備期間は自分と
周囲への決意表明期間
としてアピールしましょう
この夏に登山するんです
ほー
がんばってトレーニングしてます
へー
自分にガッツがないときは
外堀を埋めて逃げられ
ない状況をつくる
他人を利用して
有言実行を
させられよう
登山って
来月でしたっけ？
はい
私もなにか
はじめることに
しました
おおっ
目標がある人の
がんばりって伝染するから
お互いに
がんばろ

あなたの「いまさら」が周りを元気にします
あの歳から登山かがんばるなぁ
年齢じゃないんだよ挑戦ってさ
おつかれ〜 おさきに〜
それがまたあなたの励みになります
ありがと〜!
がんばってくださ〜い
若いときのようにできなくたって誰も気にしません
大丈夫見た目ぐらいのことはできています
あれだけできればおんのじ
50才であれならいいよね
いつからだって「いまから」です
待って、待ってすぐ行きま〜す
私もご一緒しま〜す
あなたも是非〜〜〜〜〜!!

# あとがき

私が登山をはじめたのは25歳ごろです。それから25年以上、山と付き合ってきました。ときに山で住み込みバイトをしたり、登山専門誌の取材に駆け回ったりした時期もありました。海外登山に挑戦したことも、山麓のまちに移住したこともあります。でもこの間に、ずっと登山ができていたわけではなく、本の執筆で数ヵ月まったく出かけないことも、気分や家庭の事情で頻度が落ちることもままありました。

多くの人は、「推し活」くらい夢中になっていないと「趣味」とは言えないと思っているようです。でも、ゼロがイチになって、二度目があれば「好き」と言えるし、何年かかっても三度目がきたら堂々と「趣味」と公言していいと思います。一旦離れたとしても、それがあなたの根っこを作った一部分ならば「止めた」と決めつけず「お休み」しているだけと思ってほしい。長く「好き」を続けるというのは、そういう波を繰り返し経ていくものなのかなと感じている今日この頃です。

「登山」は長く付き合える趣味です。実際に山に行けば最もアクティブなのは60歳以上、80代もめずらしくありません。この年代の登山者も若いころに登山をはじめた人はそう多くなく、定年近くになってからという人が大半です。仮に60歳ではじめたとして、80歳までに20年も山を趣味にできるのです。たとえ山に足を運べなくなっても、登山経験があると登山の本やテレビ番組を自分事のように思い出して楽しめます。私なんて山の思い出で呑めます。だから、人生でいちばん若い今日からはじめれば、少しでも長く付き合っていけるというわけ。いいですよ、山。

こうして山に誘い続けて20作目の節目に、原点に戻った「初心者入門」を私らしい（ダジャ

レと悲哀に満ちた）テーマで描けたのは数奇な巡り合わせのような気がします。
　この場をお借りして、企画からタッグを組んでくれた講談社エディトリアルの新担当・角田さん、数々の装丁をお願いしているアルビレオの西村さんと小川さん、わがままをきいていただいてありがとうございました。
　大人になると重い腰を上げるのは本当に大変です。上げたら上げたで大変です。でも上げなかったよりよかったなと、思えるから上げるんですよね。きっと。
　お互いにもうちょっとだけ無理してがんばってみますか。

令和6年3月15日　山麓暮らしから13年ぶりに出戻った東京にて

鈴木みき

## 鈴木みき（すずき　みき）

1972年東京都生まれ。イラストレーター・執筆家・防災士。24歳のときに旅したカナダで壮大な山の景色に感銘し、山の魅力にハマる。山岳雑誌の読者モデルで各種登山を経験、さらにスキー場や山小屋でのアルバイト経験で積み上げたものをもとに、山系イラストレーターに。コミックエッセイの執筆や雑誌などへの寄稿、トークイベント、講演の他、女性ひとりでも参加しやすい登山ツアーの企画＆同行も行っている。近著に『登山式DE防災習慣』（講談社）『中年女子、ひとりで移住してみました』（平凡社）『マウンテンガールズ・フォーエバー』（エイアンドエフ）『キャンプ気分ではじめる おうち防災チャレンジBOOK』（エクスナレッジ）などがある。

note ―――― https://note.com/mt_suzukimiki　鈴木みきの裏日記
フェイスブック― https://www.facebook.com/Mt.mikisuzuki/
X（旧ツイッター）― https://twitter.com/Mt_suzukimiki
インスタグラム― https://www.instagram.com/mt.suzukimiki/



装丁：アルビレオ

知《し》っている山《やま》からはじめよう！
**大人《おとな》の日《ひ》帰《がえ》り登山《とざん》**

2024年５月21日　第１刷発行

著　者　鈴木《すずき》みき
発行者　清田則子
発行所　株式会社 講談社
〒112-8001　東京都文京区音羽 2-12-21
販売　TEL 03-5395-3606
業務　TEL 03-5395-3615
編集　株式会社 講談社 エディトリアル
代表　堺 公江
〒112-0013
東京都文京区音羽 1-17-18 護国寺 SIA ビル 6F
TEL 03-5319-2171
印刷所　株式会社 新藤慶昌堂
製本所　株式会社 国宝社

KODANSHA



ISBN978-4-06-535357-8

鈴木みきの実用コミックエッセイ　好評既刊

## 日帰り登山のススメ

あした山へ行こう！（講談社文庫）

ISBN 978-4-06-293390-2

「山へ行こう!」思いついたときに、そのときの自分にできる範囲の準備、用意できる時間で行ける登山スタイル—日帰り登山—をていねいに解説しました。だから、あしたからでも登山を始められます。コースガイドも充実!

## 地図を読むと、山はもっとおもしろい!

コミックだからよくわかる 読図の「ど」

ISBN 978-4-06-219669-7

登山地図、地形図、コンパス。使い方がイマイチわからないアナタ、使うのが面倒くさいアナタ、既存の読図本を読もうとしてもチンプンカンプンだったアナタ……そんなアナタ方に捧げる、日本でいちばんわかりやすい読図本(たぶん)!

もしも…に慌てない

## 登山式DE防災習慣　お役立ちコミックエッセイ

ISBN 978-4-06-521360-5

登山は知らず知らずのうちに防災訓練をしているようなもの。防災士としての知識と、登山の経験をもって実感する、登山と防災の共通項。「山ごはん・防災ごはん（ポリ袋炊飯）」「テント泊持ち出し装備リスト」など、お役立ち情報満載。